시골살이, 오늘도 균형

일러두기
• 출판사 차츰의 기획물인 '가꾸는 삶'은 자립을 꿈꾸는 사람들의 이야기에 주목합니다.
• 꽃비원 이야기는 대부분 시간 순으로 정리했으나 그렇지 않은 부분이 더러 있습니다. 이해를 돕고자 꽃비원이 걸어온 길(264쪽) 지면을 넣었습니다.
• 지은이 주는 괄호로, 편집자 주는 '—편집자' 표시와 함께 괄호로 묶었습니다.

반 농부 × 반 큐레이터

시골살이, 오늘도 균형

정광하, 오남도 지음

츤츠

우리가 사랑하는 것은

시간이 담긴 것,
손으로 만든 것,
우리가 만든 것.

계절 채소와 맛을 소개하는 일을 잊지 않으려 한다.
때마다 수확한 작물이 요리하는 사람을 만나면 더없이 새로워지기 때문이다.
그런 의미로 보면 농부는 마치 작물 큐레이터 같다.

우리가 얻는 기쁨이 거대한 것은 아닐지라도
이렇게 묵묵하고 소소하게 생활하는 것이 좋다.

아직은 끝을 알 수 없는 여정이지만
지금까지처럼 꿋꿋하게 한자리를 지키는
주체적인 농부로 남고 싶다.

프롤로그

> 농사 앞에서 나는 늘
> 기다림을 배운다

　이십 대, 삶에서 크고 작은 사건들을 겪으며 나는 시골살이, 자급자족에 대한 꿈을 차곡차곡 쌓아 갔다. 남편을 만나면서 그 로망은 현실이 되었다. 남편의 어린 시절, 농사짓는 부모님과 함께 경험한 시골 이야기는 들을 때마다 재미있었다. 그리고 그의 오랜 노트 속에서 '꽃비원'이라는 이름을 발견했을 때만 해도 우리 삶의 터전이 지금과 같은 모습일 거라고는 예상하지 못했다.
　농사 앞에서 나는 늘 기다림을 배운다. 미국 생활을 접고 막 돌아와 땅을 알아볼 때 그 시간은 길어지는데 아이는 태어났고 솔직히 난 초조했다. 그런데 한편으로는 평생을 가꿔 가야 할 땅이니 이왕이면 마음에 드는 장소이길 바랐다. 시간이 흐르고 흘러서 우리 땅이 생기고 '꽃비원'이라 이름 짓고 상상하던 일들을 하나씩 꺼내 놓았다. 땅을 살 때 꿈이 이뤄졌다고 기뻐했는데 그건 시작에 불과했다. 나무를 심을 때도 버킷 리스트를 이룬 줄 알았는데 꽃이 피고 열매를 맺기까지 또 기다려야 했다.

농사를 지으며 마냥 즐거웠던 시절도 있고 자연 앞의 인간이 어쩔 수 없는 일을 겪으며 풀이 죽은 적도 있다. 그때마다 곁에 있던 가족과 친구들 덕에 고비를 넘겼고 이제껏 꽃비원을 유지했다. 농사는 늘 새롭고 상상도 못 했던 새로운 관계를 만들어 준다. 그 과정에서 유연함을 배우고 우리는 또 단단해진다. 마치 땅속 깊이 뿌리내린 나무들처럼.

남편이 책에 들어갈 원고를 정리하는 동안 나는 구석에 있던 노트와 컴퓨터로, 지금껏 조금씩 적어 뒀던 글이나 소셜 계정의 기록을 뒤지며 우리의 10년을 찾아 헤맸다. 일련의 사건을 나열하고 흩어진 글과 사진을 모아 정리하니 이렇게 한 권의 책이 되었다. 원고를 완성해 나아가는 과정보다 오랜 시간 잊고 있던 우리의 열정과 땀, 그 시간을 지켜본 많은 이들의 마음을 다시 들여다볼 수 있어 기쁜 시간이었다. 소중한 시간을 돌아보도록 꽃비원에 출간을 제안해 준 차츰출판사 대표님께 고마운 마음이다.

우리처럼 자연에 관심이 있고 귀농, 귀촌을 꿈꾸는 이들이 망설이는 시간보다 경험하는 시간을 갖길 바란다. 시도해 보지 않으면 알 수 없는 것이 있다. 그리고 그것이 어떤 방향으로 연결될지는 아무도 모른다. 다른 사람의 잣대에 기대지 말고 가능한 한 하고 싶은 일, 좋아하는 일을 꾸준히 하면서 시골 생활에 녹아들기를 바란다. 그 과정에《시골살이, 오늘도 균형》이 '조금 다른 농부의 경험'을 보여 주는 힌트가 되기를 소망한다. 그리하여 마침내 곳곳에 다양한 방식으로 살아가는 농부가 늘어나길 진심으로 기대한다.

시골살이를 결심한 결정적인 계기이자 우리가 이 삶을 이어가는 데 큰 힘을 주는 원호에게, 그리고 늘 우리 곁에서 빈틈을 메워 주는 사랑하는 가족들에게, 마지막으로 내 바람을 이뤄 주려 항상 노력하는 남편에게 고마운 마음을 전하고 싶다. 특별히 우리만큼 꽃비원을 애정하고 고민할 때마다 다시 도전할 수 있도록 진심을 담아 충고해 준, 이제는 다시 볼 수 없는 태진 언니에게도 감사의 말을 남긴다.

꽃비원 농부, 오남도

내가 키운 작물과
농촌 이야기를 소개합니다

교정을 보며 원고를 다시 읽고 있는 지금, 우리 가족은 제주 표선에 위치한 카페 겸 서점 그린블리스(오가닉 라이프 스타일 브랜드)에서 꽃비원 팝업 식당을 운영하고 있다. 농사짓는 우리가 어쩌다 이곳에 와서 요리하게 되었을까?

마르쉐@에서 꽃비원의 채소를 기억하고 찾아 준 손님들, 계절마다 꽃비원에서 생산된 농작물을 함께 맛보았던 꽃비원 꾸러미 식구들, 먼 거리임에도 식사하러 '꽃비원 홈앤키친'에 오기를 주저하지 않았던 손님들, 꽃비원의 못생긴 채소를 싱그럽게 바라봐 준 요리사들, 농촌의 삶을 함께해 준 우퍼들, 그리고 묵묵히 옆에서 응원과 도움을 준 가족들 덕에 힘든 농사일을 포기하지 않고 여기까지 올 수 있었다. 더 거슬러 올라가면 나의 십 대, 이십 대가 있다.

이 책은 우리 부부가 꽃비원을 시작한 계기와 10년 동안 겪은 일을 짧게 정리한 기록이다. 시골에서 자라며 항상 도시의 삶을 동경했던 나는 막상 도시로 오자 주변 분위기에 자주 휩쓸리는 내 모습에서 이상함을 느꼈다. 방향을 잃고 헤맬 때 읽은 《슬로 라이프》라는 책이 내 삶을 이곳으로 이끄는 첫 안내서였다. 당시 남도와 이 책을 읽으며 우리 속도에 맞는, 주체적인 삶을 찾아가기로 결심했다. 할 수 없는 일에 억지 부리지 말고 당장 할 수 있는 일을 즐겁게 시작하기로, 불필요한 경쟁에 뛰어들기보다 우리 삶에 더 의미 있는 일을 발견하기로 했다. 그리고 지금은 아이 앞에서 늘 떳떳한, 좋은 어른이자 부모가 되려고 노력한다.

시골에 땅이 생기면 씨앗을 뿌리고 나무를 심으면 된다. 집이 없으면 비바람을 피해 누울 작은 집 한 채를 지으면 그만이다. 그렇게 생각하고 농부가 되었다. 마음속으로만 꿈꾸고 상상하던 일들이 '꽃비원 프로젝트'라는 이름 아래 조금씩 실현되면서 시간이 쌓였다. 그리고 얼마 전 해가 바뀌면서 11년 차가 되었다. 농부의 시간으로 따지면 열 번의 농사를 지었고 겨우 열 발자국 나왔을 뿐이다.

이른 새벽에 일어나 저녁 늦게 들어오는 부모님을 보면서 농부의 삶이 참 고되고 외롭다고 생각하며 자랐다. 그때는 채소를 기르고 수확하는 기쁨을 전혀 몰랐다. 하지만 지금은 농장의 채소와 함께 변화하는 계절을 느끼는 농부의 삶이 얼마나 자유롭고 다채로운지를 안다. 조금 어설퍼도 꽃비원 채소가 가진 힘도 그와 비슷하다. 맛과 건강함이 깃든 채소를 매개로 다양한 사람들을 만나고 연결될 수 있음에 감사하다.

만약 농사 활동, 요리 활동이 자연스러운 삶의 일부라고 생각하고 그런 삶의 기반을 다지고 싶은 독자들이 《시골살이, 오늘도 균형》을 만난다면 내용을 읽고 용기를 얻기를 바란다. 제철에 수확한 채소, 그것으로 만든 요리를 사랑하는 사람과 나누는 삶이 얼마나 값지고 기쁜 것인지를 깊이 공감하길 바란다. 먹을거리가 어디에서 오는지, 누가 어떻게 키웠는지에 관심을 기울이면 다른 기준으로 작물을 선택할 수 있다. 그 소비를 계기로 농촌의 모습이 다양해질 수 있음을 기억해 준다면 더없이 기쁠 것이다. 사라져 가는 소중한 것들을 지킬 힘이 땅과 작물, 소비자의 선택에 달렸다. 곧 농부가 될 누군가가 이 책을 읽는다면 채소가 가진 힘을 믿고 다양한 도시 친구들과 꾸준히 소통하길 권한다. 농촌의 이야기, 자신이 키운 작물을 가장 잘 소개할 큐레이터는 다름 아닌 농부이니 말이다. 이 땅에서 농사짓는 모든 지구 농부들을 응원하며 이 책을 세상에 내놓는다.

꽃비원 농부, 정광하

추천의 글

묵묵하고 소소한
삶의 기쁨을 찾고 싶다면

김원일
서울시 지역상생교류사업단 단장, 내일의식탁 이사장

이 책을 읽는 내내 부끄러웠다. 사회를 바꾸겠다고 쫓아다니느라 내동댕이쳐진 나의 일상에게 너무나 미안했다. 그래서 나처럼 집 밖에서 애를 쓰는 사람들, 진정한 자기 삶을 놓치고 있는 사람들에게 이 책을 소개하고 싶어졌다. 가족과 함께하는 여유롭고 좋은 식탁이야말로 일생에서 지켜야 할 가장 중요한 가치라는 것을 알려주고 싶어서다.

오늘날 우리 사회에 각자도생의 '패스트 라이프'가 전염병처럼 퍼지면서 조화로운 삶, 묵묵하고 소소한 삶의 기쁨을 되찾으려는 사람들이 늘어나고 있다. 많은 젊은이들이 헬렌 니어링과 스콧 니어링 부부의 삶을 존경하고 배우고자 한다. 타샤 튜더를 꿈꾸며 반농반X, 슬로 라이프와 같은 가치를 실천하려고 노력한다. 그런데 이런 대안적 삶의 모델이 비단 외국에만 있는 것은 아니다. 미국 포틀랜드에 킨포크 라이프가 있다면 한국 논산에는 꽃비원 라이프가 있다.

《시골살이, 오늘도 균형》을 보면 꽃비원 라이프가 잘 드러나 있다. 우리는 이 책에서 자연과 연결된 조화로운 삶, 자급자족을 기반으로 다양한 제철 채소를 생산하는 삶, 대량 생산 시스템에 편입되지 않으려는 노력, 서로 다른 직업군과의 느슨한 연대 등 꽃비원만이 가진 독특한 라이프 스타일을 배운다. 꽃비원처럼 우리도 한 사람, 한 사람 자신의 삶을 끈기 있게 가꾸어 가다 보면 자신의 라이프를 창조할 수 있으리라는 희망을 얻게 된다.

이제 10년, 꽃비원 라이프가 완성되기에는 이른 시간이다. 충남 논산에는 인프라도 그리 많지 않다. 하지만 꽃비원 주변에는 좋은 친구들이 많다. 이들이 함께 손잡고 다소 이상적으로 보이는 로컬의 삶을 꾸준히 실천한다면 머지않아 '꽃비원 라이프'는 더 탄탄히 완성될 것이다. 잊지 말자. 여유롭고 멋진 삶은 식탁에서 시작된다.

추천의 글

우리가 시도해야 할
새로운 농부의 길을 열다

이보은
농부시장 마르쉐@ 기획자

꽃비원의 지난 발자취를 책으로 읽으면서 지난 10년이 너무도 생생하게 떠올라 마음이 몽글몽글해졌다. 첫 마르쉐를 연 이듬해 가을, '농부 1년 차'라며 마르쉐 새로운 출점팀을 위한 자리에 함께 한 오남도와 정광하 두 청년 농부의 얼굴을 잊지 못한다. 그들은 빛나고 있었다. 처음 출점한 마르쉐에 먹을거리, 마실 거리, 꾸밀 거리를 챙겨 왔다는데 양파 몇 개 호박 몇 개… 채소도 채소지만 옥수수를 차로 볶고 말린 고추를 채썰어 온 그 정성스러움에 모두 탄복했다. 어느덧 꽃비원의 진열대는 마르쉐의 자랑이 되었고, 손님들과 진지하게 대화를 나누는 꽃비원의 판매대는 친구가 된 요리사들과 농부들로 북적였다.

지난 10년간 이 작은 농가는 경제성과는 거리가 먼 무모한(?) 실험을 이어갔다. 하지만 다양한 경험과 좋은 인연은 여전히 그들과 함께하고 있으며 자급적 삶의 완성도는 날로 높아졌다. 그들은 여행지의 낯선 부엌에서도 계절의 포카치아를 임의롭게 굽고 채소를 몽땅 넣은 커리, 스튜쯤은 어디서든 끓일 수 있게 됐다. 몇 날 며칠씩 해야 했던 힘든 농사일도 가장 좋은 때를 잡아 해치울 수 있는 감각이 생겼고, 냉이와 달래가 솟는 이른 봄부터 배 수확이 끝나고 푸성귀를 갈무리하는 늦은 가을까지 이어지는 농사일을 거뜬히 해내는 근육과 굳은살을 가지게 됐다. 수탉을 따라다니며 깔깔거리던 아기 원호가 가족의 한몫을 해내는 의젓한 소년이 된 지난 시간 동안, 그들은 자신들이 뿌리내린 연무대 앞 작은 들판에서 계절과 함께 찾아오는 모든 생명을 환대했고 수많은 우정을 나누어 왔다.

자본을 투자하고 설비를 더 키워 더 규격화된 단일품종을 길러야 가락동이든 급식이든 시장을 찾을 수 있는 세상에서 그들은 부모 세대로부터 자연스럽게 익힌 전통 농법에 기반한, 환경에 부담이 적은 농사 방식을 선택했다. 다품종 소량 생산으로 얻은 작물을 소비자들과 깊은 유대 속에서 나누며 시대와 정반대의 길을 걸어왔다. '딱 열 번 지은 농사'는 성공보다 실패의 이야기가 많다. 하지만 농과 자연, 우리 삶의 지속 가능성, 새로운 균형을 만들기 위해 꽃비원 가족이 애쓴 시간은 기후 환경 위기에서 농업의 지속 가능한 미래를 찾는 실험이었다. 새로운 농부의 가능성을 엿볼 기록이기도 하다. 녹록하지 않은 농사 현장에서 그들이 놓지 않았던 '다양성을 존중하는 삶' '지역을 풍요롭게 가꾸는 삶' '느슨하게 연결되는 삶'은 이제 우리가 함께 가야 할 또 다른 길이다. 꽃비원의 어제를 향한 걸음, 그 걸음 끝에서 만날 새로운 미래가 기대된다.

차례

프롤로그
농사 앞에서 나는 늘 기다림을 배운다 16
내가 키운 작물과 농촌 이야기를 소개합니다 19

추천의 글
묵묵하고 소소한 삶의 기쁨을 찾고 싶다면 22
우리가 시도해야 할 새로운 농부의 길을 열다 24

1부 다품종 소량 생산하는 농부입니다

꽃비 내리는 과수 정원, 꽃비원 34
　새로운 터전을 찾아서 38
　다시 모인 세 식구 42
　미완성 사업 계획서를 다시 꺼내다 43
나의 시골, 나의 도시 50
　더 넓은 땅으로 가다 54
　생산자와 소비자를 연결하는 일 57
새로운 선택의 연속 62
　갑작스러운 미국 회사 취업기 65
　캘리포니아 생활을 시작하다 67

가장 작은 우리만의 첫 텃밭 74
쓰레기를 생각하다 77
먹고 쓰고 버리는 일 81
슬로 라이프와 작은 실천 84
주체적인 시골 생활을 시작하며 89
꽃비원만의 방식 정하기 94
소비자를 찾습니다 98

2부 빈 농사, 반 요리 라이프

한 달에 한 번 열리는 시장, 마르쉐@ 104
기분 좋은 에너지를 얻는 시간 107
도시와 농촌, 그 사이의 거리감 112
온·오프라인으로 교류하기 115
꽃비원 키친 시즌 1 122
키친과 워크숍 125
만남과 만남이 이어지다 130
2층짜리 빨간 벽돌집을 만나다 134
꽃비원 홈앤키친 시즌 2를 시작합니다 138
배우고 적응하고 바꿔보는 시간 140

채소가 중심인 로컬 공간을 찾아서 148
도시로 옮겨 온 작은 시골 153
'반농반X'라는 삶의 방식 155

꽃비원의 사계절 160
계절을 느끼며 심고 가꾸는 나날 164
같이하면 덜 힘들다 167

농촌에서 아이를 키운다는 것 172
관계로 삶의 태도를 배우다 176
원호의 가장 특별한 생일 파티 179

3부 조화로운 삶을 꿈꾸다

멈춰 버린 시간, 농업의 미래 186
전통농업을 지향하다 189
생산자와 소비자, 모두가 만족할 수 있으려면 193

작은 움직임이 만들어 내는 변화 200
서로 다른 직업군과 느슨한 연대 203
일손과 가치를 두루 주고받기 206

농부는 자신이 가는 방향을 알아야 한다 **211**
    절충하면서 나아가기 **214**
    농부는 작물 큐레이터 **217**
이상적인 농촌 공동체, 직접 만들어 볼까? **224**
    소규모 조직, 오늘도 열어 둡니다 **228**
    머리를 맞대면 재미있는 일이 벌어진다 **233**
매일 조금씩 새로워진다 **238**
    묵묵하게 일하는 기쁨 **243**
    다시 시작한 우리들의 계절 마켓 **246**

에필로그
꽃비원의 10년 뒤를 생각하며 **256**
꽃비원이 걸어온 길 **264**

1부

다품종 소량 생산하는 농부입니다

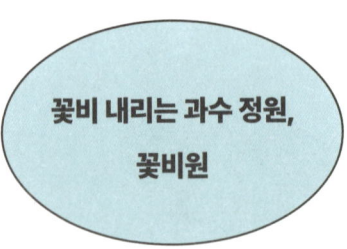

꽃비 내리는 과수 정원, 꽃비원

설 하루 전날, 며느리인 난 시댁에 있다.
아기가 자는 사이 옆에 누워 글을 쓴다.

설이 지나면 바빠질 것이다.
지하수 공사도 해야 하고,
하우스도 하나 만들고,
묘목도 옮겨 심어야 한다.
온라인 카페도 만들고, 주말농장 홍보물도 만들고…
얼마 만에 바빠지는 건지 설레기까지 하다.

눈을 감고 상상한다.

꽃잎이 날리는 아름다운 모습,

그곳을 뛰노는 우리 아기의 모습,

땀 흘려 일하는 남편의 모습…

이 일이 잘되었으면 좋겠다.

빨리 설이 지났으면 좋겠다.

_ 2013.2.9 남도의 블로그

이 글은 귀농을 결정하고 논산에 땅을 구입해 측량과 밭 정리, 관수 시설 설치, 과일 묘목 준비 등 기초 작업을 마무리한 뒤 '꽃비원'이라는 과수 농장을 막 시작하려던 때에 아내 남도가 블로그에 남긴 짧은 글이다. 2012년 1월, 남도와 나는 미국 생활을 정리하고 한국으로 돌아왔다. 남도 뱃속에는 그해 6월에 태어날 우리 아기도 있었으니 세 식구의 긴 이동이었다.

우리가 살던 곳은 미국 캘리포니아주 오렌지카운티에 있는 '풀러턴'이라는 도시였다. 당시 근무하던 회사는 어바인에 있었지만, 미국 내에서도 안전한 편이어서 그만큼 집을 구하는 데 많은 비용이 필요했다. 그래서 출퇴근에 무리가 없으면서도 비교적 치안이 좋은 풀러턴을 선택했다. 어바인은 한국 사람들이 아이들을 조기 유학 보내는 대표적인 장소 중 한 곳이기도 했다. 엄마가 아이를 데리고 와 생활하는 기러기 가족 형태도 종종 눈에 띄었다. 남도가 임신했을 때, 회사 사람들은 대부분 좋은 기회라고, 미국에서 아이를 낳아 시민권을 얻고 영주권도 신청하라며 우리 가족을 독려했다. 그렇게 미국에 정착할 순조로운 길이 눈앞에 놓여 있었다. 내가 먼저 미국으로 건너와 홀로 생활하다가 한국 생활을 정리하고 온 남도와 보낸 지 꼬박 1년이 되었을 때였다. 그리고 나는 회사에서 일한 지 3년이 넘어 비자 연장을 앞두고 있었다.

아이가 생기기 전 우리는 먼 미래를 위해 앞만 보고 달려가는 삶보다 주어진 하루에 충실한, 좋아하는 일을 하면서 즐겁게 사는 삶을 원했다. 그때만 해도 결혼 생활은 연애의 연장 같았다. 남도의 첫 조카가 태어나면서는 미래 이야기를 더 자주 나누게 되었다. 우리들의 어린 시절, 서로의 육아관, 시골에서 자유롭게 자라날 우리 아이의 모습, 가족과 함께 행복하게 지내는 모습 등을 자유롭게 나누며 상상했다.

그런데 아이가 찾아오고 나니 조금 더 구체적인 그림이 필요하겠다는 생각이 들었다. 동네를 산책할 때마다 미국 가정의 보편적인 모습이 자주 눈에 들어왔다. 이들은 대개 아이들과 오랜 시간을 함께했다. 주말에는 아이와 야구 시합을 응원하러 가거나 가까운 해변에서 휴식을 취하며 온 가족이 모여 저녁을 먹었다. 물론 우리 가정이 계속 이곳에 남아 살아간다고 해도 이런 모습에 쉽게 녹아들지 못할 수도 있다. 아이는 자라면서 학교나 사회에서 차별을 겪을지도 모르고, 미국 문화 속에서 자란 아이와 부모인 우리가 서로의 다른 점을 받아들이지 못해 갈등이 생길 수도 있다. 미국에 정착한다면 그로 인해 나타날 장점과 단점을 충분히 고려해야 했다.

그때는 온 가족이 시간과 공간을 나누는 삶은 한국에서도 얼마든지 꾸려갈 수 있지 않나 생각했다. 이유를 설명할 수는 없지만 나름 확신이 있었다. 그렇게 생각하니 결론은 오히려 간단했다. 아내와 나는 미국에 머무는 조건으로 아이가 보장받을 수 있는 교육이나 경험의 기회를 차선으로 넘겼다. 더 넓은 시야를 기를 기회는 훗날 아이의 관심 분야에 맞춰 스스로 선택하도록 남겨 두기로 했다. 아이가 어린 시절 동안 일가친척이 다 모인 한국에서 많은 사랑을 받으며 보내기를, 그리고 시골의 정서와 자연이 주는 풍요를 몸소 느끼며 자라기를 최우선으로 바랐다. 우리는 그렇게 귀농을 결심했다.

새로운 터전을 찾아서

아이의 태명은 '태평'이었다. 태평양을 건너온 아이라서 그리 불렀다. 귀농할 지역과 집, 농장 등 마련해야 할 것들은 산더미인데, 아이가 6월에 출산 예정인 것 말고는 아무것도 정해진 게 없었다. 그래서 귀농할 곳이 정해지기 전까지 따로 집은 구하지 않고, 남도는 서울 처가에 머무르며 출산을 준비했다. 비교적 몸이 자유로운 나는 서울과 천안(부모님이 사는 곳)을 오가며 귀농 정보를 모았다. 천안 근처는 땅값이 비쌌기에 비교적 저렴한 지역을 알아봤는데, 처가에서는 서울과 너무 떨어지지 않기를 바랐다. 그래서 우리는 충남보다 더 먼 지역은 아예 둘러볼 생각을 하지 않았다.

시골에 정착하기 위해서는 집, 땅, 인적 네트워크 등이 중요하게 작용한다. 노후에 시골살이를 위해 나이가 어느 정도 들 때까지 도시에서 여유 자금을 모았다면 오히려 간단했을지도 모른다. 그 비용으로 적당한 토지를 사고 집을 짓고 생활을 시작하면 그만이었을 테니 말이다. 하지만 자금이 부족하다면 '오도이촌(일주일 중 5일은 도시에서, 2일은 농촌에서 규모가 작은 밭을 가꾸며 생활하는 것—편집자)'이라는 말처럼 땅이나 집을 먼저 구하고 도시 삶을 유지하면서 천천히 귀농, 귀촌을 준비할 수도 있다. 재택근무가 가능한 직업군이라면 비교적 수월하게 시골 생활에 녹아든다.

나이가 청년층이거나 여유 자금이 없다면 부모의 고향으로 귀향하거나 귀농·귀촌한 주변 지인에게 정보를 얻어 근처에 터를 잡기도 한다. 인구 소멸을 이유로 귀농 정책을 펼친 지자체로 마음이 맞는 사람끼리 공동체를 꾸려 동반 이주하기도 한다. 도시 근교 땅값이 저렴한 지역 중에서는 지역 활성화를 위해 이런 제도를 펼치는 경우가 꽤 있다.

하지만 우리 가정처럼 처음부터 새롭게 시작해야 하는 사람들은 좀 더 세세하게 자금 계획을 세워야 한다. 그렇지 않으면 일자리가 다양하지 않은 시골에서 오래 버티기 어렵다. 부수적으로 들 비용을 고려하지 않으면 몇 년 버티다가 다시 도시로 쫓겨 가는 수도 있다. 우리는 집과 생활보다 농장의 모습을 이미 구상하고 있는 쪽이었다. 그래서 가진 비용으로 땅을 먼저 샀다. 당시 충남 지역 중 홍성과 괴산, 천안, 공주, 부여는 귀농을 원하는 사람들이 꽤 자리를 잡아 시세가 오른 상태였다. 그래서 알아본 데가 아버지의 고향인 논산이었다.

귀농은 시골의 삶을 동경하는 사람들에게 일종의 로망 같은 것이다. 하지만 한평생 일하며 모은 돈으로 금의환향하는 경우라면 모를까, 이른 나이에 시작하려면 빚을 지고 가야 하는 모험의 길이다. 모아 놓은 자금이 적었던 우리 부부도 마찬가지였다. 다행히 귀농 창업자는 저금리로 대출을 받을 수 있다고 해서 이 방법을 택했다. 그때만 해도 충남 이남 지역은 인구 감소를 막기 위해 다양한 귀농 정책과 혜택을 일찌감치 마련한 상태였지만, 논산은 그렇지 않았다. 귀농 교육이나 영농 창업 자금 정책을 처음 시작하는 만큼 시행착오가 많았다. 관할 시청 농정과와 농협, 면사무소 등을 몇 번씩 방문해 어렵게 서류를 제출해도 귀농인으로 선정되어야 자금을 받을 수 있다고 했다. 토지 공시지가에 따라 대출 금액이 정해지기 때문에, 나머지는 자비로 부담해야 한다는 사실도 뒤늦게야 알았다. 돌이켜 생각해 봐도 길고 복잡한 여정이었다.

남도와 내가 원하는 땅 면적은 2~3천 평 정도였다. 사람들은 과수원을 운영하며 연간 수익을 보장받으려면 최소 5천 평 단위는 갖춰야 한다고들 말한다. 하지만 누군가의 손을 빌리지 않고 땅을 일구려면 부부 둘이서 운영할 수 있는 최적의 규모가 더 중요하다. 도시에서 맞벌이하는 부부의 소득에 비하자면 소규모 농장의 수익은 보잘것없이 느껴질 수도 있다. 하지만 농장을 가꾸는 초기에는 부부가 함께 일하고, 돌봄 노동의 부담을 같이 질 수 있다는 명확한 장점이 있다. 몇 년 더 시간이 흘러 아이 키가 한 뼘도 넘게 자라면 쑥 자라난 나무 옆에 우리 세 식구의 집을 짓고 살고 싶었다.

사과나무와 배나무는 조금 넉넉히 심어 우리 가정의 주요 소득원으로 삼을 계획이었다. 보통 농가에서는 과형과 색이 예쁘고 저장성이 좋은 '신고'라는 배 품종을 키우는데, 우리는 과즙이 풍부하고 과육이 부드러운 '감천'과 아삭하고 새콤달콤한 맛이 나는 '만풍'을 심기로 했다. 감천배는 저장성이 약해서 유통에 적합하지 않고, 만풍배는 겉이 푸르스름해 소비자들이 선호하지 않는 품종이라 대부분의 농가가 심지 않는다. 하지만 직거래로 소비자에게 다가서기 위해서는 새로운 배의 맛을 선보일 이 두 가지 품종이 더 적합하다고 판단했다. 사과도 알프스 오토메(미니사과), 자홍, 후지, 메이폴(꽃사과) 등 다양한 품종을 심어 계절마다 생산하기로 했다. 그밖에 감나무, 앵두나무, 매실나무, 보리수나무 등 다양한 과일나무 묘목을 심을 것이다. 머지않아 각종 과일나무에 꽃이 피고 지고 열매가 맺고 떨어지는 과정을 보게 되겠지? 밭 주변과 자투리땅에는 원추리, 두릅, 오가피, 취나물 등 밭에서 자생하는 나물류를 심어 맛볼 것이다. 조그마한 텃밭에는 우리 가족이 먹을 채소를 심어 자급자족하기로 했다.

우리가 택한 다품종 소량 생산은 일과 삶을 특별히 구분하지 않고 농사를 삶의 일부로 받아들이는 전통농업에 가까운 방식을 의미한다. 지속 가능한 삶은 금전적인 면도 물론 중요하지만, 가족 구성원 모두가 질적인 시간을 함께해야 유지될 수 있다고 믿는다. 육아, 가사 등 내적인 면을 최우선으로 두고 일과 휴식이 선순환한다면 가족이라는 울타리는 누구에게나 편안한 휴식처가 될 것이다. 그래서 도시에서 맞벌이 생활을 유지하며 아이를 다른 이에게 위탁하기보다 아이가 자라서 자립하기 전까지 최대한 많은 시간을 함께하고 싶었던 것인지도 모르겠다.

다시 모인 세 식구

6월, 예정대로 아이가 태어났다. 으뜸 원(元), 클 호(顥)를 써서 '원호'라 이름 지었다. 아이가 태어난 달에도 사실 결정된 건 없었다. 내심 조바심이 났지만, 해만 넘기지 않으면 된다는 생각으로 여러 부동산을 알아보며 여전히 서울과 논산을 오가며 생활했다. 9월이 되어서야 한 부동산에서 연락이 왔다. 논산 훈련소가 위치한 마을에 2천 평 규모의 땅이 나왔다는 것이다.

서둘러 아버지와 함께 논산으로 내려가 본 땅은 무성한 풀로 뒤덮인 상태였다. 하지만 오래된 탱자나무가 높은 울타리처럼 주변을 감싸고 있고, 멀리 농장 너머로 논 풍경이 탁 펼쳐질 만큼 광활했다. 마음이 편안해지는 풍경이었다. 아버지는 토질이 황토라서 관리는 까다롭겠지만, 배수만 제대로 신경 쓰면 과일 품질은 더 좋아질 거라고 하셨다. 훈련소 바로 앞에 있는 마을이라서 교통도 편리해 혹시 아이가 아프더라도 이동하기에 무리가 없어 보였다. 마을 입구에 편의점이 두 개나 있으니 불편함도 적었다. 1월에 시작한 귀농 준비는 9월에 이르러서야 정리가 됐다. 계약서에 도장을 찍고 다음 달 드디어 '땅문서'라고도 부르는 등기 권리증을 손에 쥐었다.

가장 고민했던 땅을 계약하고 나니 이제부터가 '진짜 시작'이라는 생각에 마음은 더 분주해졌다. 하지만 다음 단계가 남아 있었다. 바로 '집 구하기'였다. 마침 훈련소 근처 동네라 작은 빌라가 하나 있었다. 농장에 컨테이너를 두고 생활하는 것도 생각해 봤지만, 컨테이너를 사는 비용보다 월 15만 원 남짓을 집세로 내는 편이 비용적으로 더 나은 것 같았다. 집은 직접 손으로 리모델링했다. 도배와 장판, 페인트칠하며 단출하게 공간을 정리했다. 그리고 12월이 되어서야 서울 처가에서 산후 조리하던 남도가 원호를 데리고 집으로 들어왔다. 1월에 귀국해 세 가족이 한 지붕 아래 모이기까지 1년이란 시간이 걸린 셈이다.

미완성 사업 계획서를 다시 꺼내다

사실 미국에서 돌아와 귀농한다는 뜻을 밝혔을 때 모두가 찬성했던 것은 아니다. 항상 농업에 관심이 많았던 아버지야 기꺼워하셨지만, 어머니의 걱정은 더 늘어난 것 같았다. 아들에 대한 걱정보다는 시골 생활 경험이 전혀 없는 며느리가 장차 본인처럼 힘든 시골 생활을 이어가야 한다는 게 싫으셨던 모양이다. 하지만 남도와 내가 '꽃비원'을 어렴풋이 구상하기 시작한 건 꽤 오래전 일이다.

농학을 전공하고 졸업 후 관련 경력을 조금씩 이어 가던 나는 어느 날 우연히 일본 '모쿠모쿠 농장' 사례를 소개한 지자체 광고를 보게 되었다. 광고 속 농장은 1차 산업이 아닌 6차 산업으로 소개되고 있었다. 1차 생산과 2차 가공, 3차 서비스를 아우른(1차 × 2차 × 3차 = 6차) 산업이라는 의미였다.

농업의 위기는 사실 어제오늘 일이 아니다. 18세기 산업혁명 이후, 시기는 다르지만 어떤 나라든 도시화, 산업화가 진행되었다. 그로 인해 농지 면적은 해마다 줄고 있다. 우리나라의 경우 개항기(1876년)와 일제 강점기에 본격적으로 산업화 흐름을 탔지만, 한국전쟁을 계기로 모든 기반이 무너졌다. 더 큰 문제는 그 이후였다. 경제 및 성장만을 과도하게 강조한 탓에 농업과 식량 자급률은 무시한 채 공업과 수출 산업이 비대해졌다. 1990년대에는 농산물까지 자유무역협정 품목으로 개방되어 쌀을 비롯한 농산물은 그야말로 헐값으로 떨어졌다.

농업 고등학교와 농과 대학에서 농업의 현실을 거듭 배워 온 내게 모쿠모쿠 농장은 새로운 발상으로 다가왔다. 일본 미에현 이가시에 위치한 모쿠모쿠 농장은 원래 햄이나 소시지 같은 육가공품을 만드는 가공 공장이었다고 한다. 하지만 햄의 원재료인 돼지를 직접 생산하기로 마음먹으면서 농업에 발을 들였다. 농장에 방문하는 사람들에게 바비큐를 대접했던 것이 계기가 되어 체험 농장을 열었고, 바비큐에 같이 올라가는 쌀과 채소, 버섯은 인근 농가에서 구해 충당하다가 모든 것을 직접 생산하게 되었다. 복잡한 유통 구조를 거치지 않고도 농장으로 소비자가 찾아올 수 있는 복합 농업 시스템, 그 새로움에 눈이 번쩍 뜨였다.

'아, 이렇게 농장과 연계된 다양한 활동으로 소비자도 농촌의 다양한 모습을 경험할 수 있겠구나.'

그 순간 나중에 시골에서 산다면 나도 이런 공간을 꾸리고 싶다고 생각했다. 다양한 과일나무를 심고, 내가 좋아하는 다른 식물도 같이 키우는 아름다운 정원을 머릿속에 그려 봤다. 어떤 식물을 심을지 노트에 적어 보고 잠깐이지만 혼자 판매 방식도 고민했다. 상상 속에서 이미 사업 계획서를 써 내려갔다. 꽃이 피고 지고 열매가 맺고 떨어지는 과정을 고스란히 볼 수 있는, 꽃비가 내리는 과수 정원을 말이다. 그리고 그날 노트 귀퉁이에 정원 가칭으로 '꽃비원'이라는 낱말을 적었다. 논산에서 농장을 시작할 1차 준비를 모두 마쳤을 무렵, 우리는 자연스럽게 오래전 미완성에 머문 사업 계획서를 다시 떠올렸다. 그리고 상표를 등록하고 명함을 만들어야 할 때 주저하지 않고 그 이름을 사용하기로 했다.

꽃잎이 날리는 아름다운 모습, 그곳을 뛰노는 우리 아기의 모습, 땀 흘려 일하는 남편의 모습… 눈을 감고 상상하던 그대로 이루어졌다.

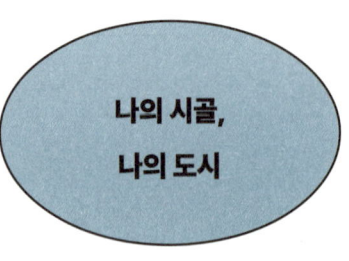

나의 시골, 나의 도시

부모님은 두 분 모두 논산 출신이다. 결혼 이후 천안으로 나왔지만 기반이 없었던 탓에 정착하느라 갖은 고생을 했다. 아버지는 젊은 시절부터 과수원을 운영했기에 천안으로 와서도 배 과수원을 빌려 안착하려 했다. 과수원 노동력이 집중되는 시기 외에는 밭작물을 생산하면서 두 분 노동력을 적절히 배분했는데, 그때도 단기적으로 수입을 낼 작물, 장기 수익성 작물을 선택해 농사를 지었다. 새로운 기술이 보급되거나 신품종이 나오면 가장 먼저 재배를 시도했고, 자투리땅에 깨나 고추 등을 추가로 심어 소득을 냈다. 태풍에 배가 다 떨어지려고 할 때도 부모님은 포기를 몰랐다. 나뭇가지가 흔들리지 않도록 단단히 묶어 피해를 줄였으며, 무사히 배를 수확해 유통업자에게 괜찮은 가격으로 수확물을 팔았다.

하지만 농사일이라는 게 경험과 기술만으로 다 되는 건 아니다. 어느 해 부모님은 대파가 돈이 될 것이라는 전망을 듣고 집에서 조금 떨어진 곳에 땅을 빌려 대파를 심었다. 넓은 밭에 아직은 짧기만 한 대파 모종을 빽빽이 심었고, 이대로 잘 자라 준다면 많은 돈을 벌 거라는 기대에 부풀었다. 그러나 가족의 바람이 무색하게도 그해는 가뭄이 무척 심했다. 시들어 가는 대파 모종을 살리기 위해 부모님은 매일 물을 주러 밭으로 나갔다. 대파 농사는 결국 실패했다. 다른 농가도 상황은 비슷해서 전체 생산량이 낮아졌고, 자연히 대파 가격은 폭등했다.

공업과 다르게 농업은 1차 생산물(수확물)만으로 소득을 올리기가 쉽지 않다. 오랜 시간 경험으로 쌓은 농사 기술, 매해 변하는 작물별 추세, 그리고 그해 기후 환경 등의 조건이 두루 맞아떨어져야 웃을 수 있다. 그래서 농부들은 농사의 변화와 흐름을 계속해서 공부한다. 관련 서적, 신문, 방송 등으로 정보를 얻고, 심고 거둘 작물을 정한다. 지역마다 기후가 다르기에 처음 키워 보는 작물이라면 첫해부터 차곡차곡 재배 관련 자료를 정리하기도 한다. 안정적인 생산에 자신감이 붙어도 생산량을 늘리려면 운영 측면을 충분히 고려해 적정한 규모를 파악한 뒤 움직여야 한다.

지금 꽃비원 상황도 크게 다르지 않다. 특히 요즘은 기후 위기 문제가 더 심각하게 느껴진다. 꽃비원 꾸러미(꽃비원에서 수확한 채소, 과일 등을 정기적으로 보내 주는 서비스) 사업을 중단한 이유도 결국 기후 변화 때문이다. 예전과 다르게 요즘은 봄이 한순간에 찾아온다. 그래서 냉이 꽃대가 갑자기 올라오거나 두릅, 오가피 순이 평소보다 빨리 돋아나면 다른 작물과 같이 보내려던 꾸러미 구성은 실패로 돌아간다. 2020년 여름에는 한 달 넘게 비가 내려서 가을 작물 파종이 늦어졌고, 바질처럼 습기에 약한 작물은 잎에 곰팡이병이 피어났다. 가지와 호박 같은 채소는 벌이 수정을 못 해서 열매가 맺히지 않았다.

이렇게 농사는 한 가지 작물을 준비하는 과정부터 농장 전체 작물별 생산 규모를 정하는 일, 운영하는 방법 등을 늘 모색하고 예측해야 한다. 결국 부모님은 자금이 어느 정도 모이자 땅을 사서 과수원이 아닌 축산업을 시작했다. 물론 축산업도 새로운 도전이다. 식물과는 다르게 동물은 감정을 나눠야 하고 그들을 돌보는 느낌이 더 크다. 아플 때는 수의사에게 치료 방법을 배워 동물의 삶을 더 깊이 이해해야 했다.

밭이 부모님의 일터였다면 농사는 우리 가족 모두가 참여하는 활동 같다고 생각하며 자랐다. 기억이 가물가물한 어린 시절부터 나는 밭에서 놀았고 잔심부름을 도맡았다. 키가 크고 힘이 세지면서 농사일을 비중 있게 돕기도 했다. 농사일이 매우 바쁜 농번기에는 학교를 마치고 집에 오면 곧장 고추를 따거나 축사를 청소했다. 매년 가을에는 논에 묶어 놓은 볏짚을 경운기에 실어 집으로 옮겨 왔다. 온 가족이 모이면 그것들을 쌓아 짚가리(짚단을 쌓아 올린 더미—편집자)를 만드는 게 나름 연중행사였다. 나와 동생이 짚단을 나르면 부모님이 바닥에서부터 차곡차곡 그것들을 쌓아 올리는 방식이었다. 짚가리는 사다리 끝을 밟고 올라가 건물 2층 높이가 될 정도로 높게 쌓고 마지막에는 비닐로 꼼꼼히 덮어 비가 들어가지 않도록 해야 한다. 그 볏짚을 매일 조금씩 꺼내 소에게 여물로 준다.

소똥을 치우다 소꼬리로 얼굴을 맞기도 했고, 새끼돼지가 열두 마리도 넘게 태어난 해에는 어미돼지가 누울 때 새끼들이 깔리지 않도록 가족끼리 돌아가며 밤새 보초를 섰다. 비 오는 날 우리를 탈출한 소를 잡으러 온 가족이 둑방 길을 헤매던 기억, 소가 태어나고 자라서 묵묵히 집을 떠나는 모습을 서글피 바라보던 기억… 누구나가 경험할 수 없는 시골의 삶은 때로는 신비로웠다가 어떨 때는 뭉클했다.

시골에서 자라며 몸에 밴 각종 기억 때문인지 식탁에 오른 음식을 맛볼 때는 자연스럽게 밭에서 채소가 자라는 모습을 떠올리게 된다. 그런 어른으로 자라났다. '비가 와서 상추가 연하다' '지금은 이 과일이 제철이다'와 같은 이야기를 들으면 그릇에 담긴 식사와 농장이 얼마나 가까운 존재인지를 실감한다.

더 넓은 땅으로 가다

시골에서 나름 풍족한 기억과 감성을 느끼며 자랐지만, 그렇다고 도시 생활에 대한 열망이 아예 없었던 건 아니다. 경험하지 않은 길은 오히려 더 궁금했다. 가능한 한 빨리 독립하고 싶었고, 그래서 고등학교를 졸업하면 바로 사회로 나갈 수 있는 실업계에 진학하기로 했다. 아버지는 내게 농업 고등학교를 권했다. 그렇게 나는 축산과에 진학했다. 농업에 큰 포부를 가지고 있던 것은 아니지만, 언제나 경험했던 자연스러운 농사 활동의 연장이었기에 거부감 없이 전공 내용을 받아들였다. 그리고 다음 코스는 서울에 있는 대학의 농업 전공으로 이어졌다.

지금 생각해 보면 도시를 향한 갈망은 기대 반, 호기심 반으로 이뤄진 무언가였다. 시골에서 자란 내가 스스로 부족하다고 여기던 것들을 도시에서는 당연히 채울 수 있다고 믿었던 것 같다. 서울 생활을 처음 시작했을 때 나는 도시의 세련됨과 새로움, 편리함 속에서 설명할 수 없는 자유를 느꼈다. 하지만 얼마 지나지 않아 그 자유로움을 지속적으로 누리려면 특정 사회 시스템에 적응해야 한다는 사실을 깨달았다.

내가 서울 생활을 시작하고 1년쯤 있다 개봉한 영화 〈매트릭스〉(1999년)를 보면서 이 시스템에 대한 내 생각이 분명해졌다. 영화 속 배경은 서기 2199년, AI가 인류를 지배한 미래 시대다. 매트릭스란 꿈과 현실의 경계가 모호한 가상의 공간인데, 인간들은 AI가 입력한 어떤 기억에 의존해 주체성을 잃은 채 살아간다. 반복되는 일상 안에서 끊임없이 자신에게 질문을 던지던 주인공 네오(키아누 리브스 분)만이 매트릭스에서 깨어나 진실을 보게 된다. 나는 이 미래의 모습이 현실과 다르지 않다고 느꼈다. 우리는 자본주의 시스템에 갇힌 채 주변에 휩쓸려 목적 없는 길을 가고 있는지도 모른다.

'불확실한 미래에 무엇을 보장받을지도 정확히 알지 못하는데, 그저 앞만 보고 달려가는 건 아닐까, 그렇다면 이렇게 달리고 싶지 않은데…' 이런 생각을 처음 하게 됐을 때 내가 도시에 살고 싶었던 이유를 다시 확인할 필요가 있었다. 중고등학교 시절 끊임없이 갈망했던 도시의 삶은 내 최종 목표가 아니었다. 그렇게 생각하니 어디에 사느냐보다 더 중요한 고민은 '어떻게 사느냐'였다. 너무나 익숙해서 무심히 지나쳤던 시골의 풍요는 도시 생활을 경험하면서 내가 더 좋아하는 것, 지향하는 삶이었다는 사실도 깨달았다.

단순한 생활,

긴장과 불안에서 벗어남,

무엇이든지 쓸모 있는 일을 할 기회,

그리고 조화롭게 살아갈 기회.

단순함, 고요한 생활, 가치 있는 일, 조화로움은 단순히 삶의 가치만이 아니다. 그것은 조화로운 삶을 살려는 사람이라면 만족스러운 자연 환경과 사회 환경에서 당연히 추구해야 할 중요한 이상이고 목표이다.

_《조화로운 삶》 헬렌 니어링·스콧 니어링 지음, 류시화 옮김

《조화로운 삶》을 쓴 저자 헬렌 니어링과 스콧 니어링은 미국 중산층 가정에서 태어나 당대 최고의 교육을 받으며 자랐다. 그대로 살았으면 미국 사회의 주류가 될 수도 있었을 텐데, 자본주의를 비판하고 지극히 문명화된 사회보다 자연에 해를 덜 끼치는 삶을 살아가야 한다고 주장했던 인물이다. 검소하고 단순하게 사는 삶, 자연을 사랑하고 존중하는 느긋한 삶, 그러면서도 부지런히 몸을 움직이는 자급자족을 평생 실천했던 부부이기도 하다. 그들을 통해 세계적으로 귀농, 채식 바람이 불기 시작한 게 거의 100년이 되어

간다. 이런 사실을 미뤄 짐작하자면 자본주의, 문명화, 산업화 같은 흐름은 처음부터 큰 거부감과 부작용을 떠안고 있었던 것인지도 모르겠다.

나 또한 불안정하고 외로운 도시에서 중심을 잡기까지 꽤 오랜 시간이 걸렸다. 그때 내가 기댈 수 있는 가장 큰 힘은 이따금 본가에 들렀을 때 부모님이 두 손 가득 싸 주신 반찬이나 제철 과일, 채소 같은 것들이었다. 어린 시절부터 수도 없이 맛보았던 음식의 기억은 생각보다 힘이 세다. 비록 물리적으로 멀리 떨어진 곳에 있어도, 내가 여전히 그 땅과 연결되어 있다는 사실을 느끼게 하니 말이다. 이렇듯 땅에서 나는 음식에는 우리가 모르는 어떤 힘이 있다. 그것은 때때로 위로가 되고, 삶을 치유하는 진짜 약이 되기도 한다.

생산자와 소비자를 연결하는 일

외환 위기 이후 취업난이 사회적으로 큰 이슈였다. 그 시기 나는 대학 졸업반이었고, 발 빠른 후배들은 이미 차곡차곡 스펙을 쌓으며 안정적인 직장에 취업하기 위해 많은 시간을 도서관에서 보내고 있었다. 사실 나는 그다지 성적이 좋은 편도, 이름 있는 좋은 회사에 단번에 딱 붙을 만큼 내세울 만한 무언가가 있는 것도 아니었다. 무엇보다 군대라는 곳에 다녀오면서 조직 생활의 불편함을 크게 느꼈던 터라 관료 조직에 속하는 게 정말 맞는 일인지 확신이 들지 않았다. 오히려 관심 있는 일을 찾아 작은 일이라도 현장에서 기술을 배우며 천천히 경력을 쌓고 싶었다.

열심히 고민하는 사이에도 시간은 빠르게 흘렀고 졸업할 때쯤에는 농촌진흥청 원예연구소 연구원으로 첫 사회생활을 시작했다. 담당 연구사의 연구 프로젝트에 참여하기도 했는데, 그때 사과 저장 실험을 진행했다. 숫자에 밝은 편은 아니었지만, 대조군과 실험군을 나눠 데이터를 수집하는 일은 생각보다 흥미로웠다. 짧은 근무 기간을 보내고 이직한 회사에서는 수경재배 생산관리 업무를 맡았다. 지금의 스마트팜처럼 기술력이 높은 시대는 아니었기에 회사는 오래 버티지 못했다. 그다음 일터는 가락시장이었다. 중도매 회사에서 경매로 사들인 농산물을 분류하는 일이었는데, 저녁 9시에 출근해 다음 날 새벽 6시쯤 퇴근하는 일이어서 체력적으로 버티기 힘들어 그만뒀다.

이렇게 저렇게 많이도 옮겨 다녔다. 경력이라 말하기도 부끄러운 짧은 경험을 이렇게 읊는 이유는 바로 그 소모적인 기분을 여러 번 느낀 나날이 사실은 전부 나를 찾아가는 과정이었음을 이제는 알기 때문이다. 시골에서 자란 나, 시골에 있는 부모님, 도시 속에서의 나… 이 삼각 구도를 자꾸 연결해 보려는 시도가 지금의 나를 만들었다.

여러 경험 중에서 중도매 회사(유통 회사)에 다닐 때 소비자와 농산물의 연결을 한층 더 고민할 수 있었다. 당시에는 생산자도, 소비자도 직접 만나는 경우가 많았는데, 그 관계가 참 아이러니했다. 생산자는 '우리 농산물 좀 잘 팔아 달라'고 우리에게 식사까지 사며 부탁했고, 대형 마트나 백화점 농산물 파트 담당자를 만나면 역할이 완벽히 뒤바뀌었다. 회사 입장에서는 생산자에게서 최대한 싸게 물건을 매입해 소매점에 최대한 비싸게 파는 게 이득이었다.

사회에 나가기 전에는 '유통'이라는 단계를 경험하면 인맥도 쌓일 테고, 내가 나중에 생산자가 되었을 때 막연히 '도움받을 날이 있겠지'라고 기대했다. 회사에 다니지 않았으면 이 유통 구조가 생산자에게 전혀 도움이 안 된다는 사실을 영영 몰랐을 것이다. 중도매인으로 일할 때 나는 자주 부모님을 떠올렸다. 농산물을 산지에서 모으는 법인체는 중도매 회사와 어느 정도 협상을 거쳐 가격을 정하는데, 그 속에 부모님과 같은 입장인 농부의 목소리는 들어갈 틈이 없어 보였기 때문이다.

가령 채소 품목별로 어떻게 가격이 정해지는지를 예로 들어 본다. 당시에는 농산물을 마트에 납품하려면 중도매 회사인 벤더를 통해야만 했는데, 이때 공급가를 정하는 가장 중요한 요소가 무엇인 줄 아는가? 바로 근처에 있는 다른 마트다. 우리 회사가 물건을 대는 A라는 마트 가까이에 B라는 마트가 있으면 먼저 그 매장과 가격 경쟁을 피할 것인지, 공격적인 마케팅을 할 것인지(이런 상황에서는 세일 품목을 선별한다)를 정해야 한다. 마트는 보통 일주일 단위로 공급가가 바뀌는데, 우리 회사가 중개하지 않는 B 마트에 한 번씩 들러 동일 품목이 얼마에 팔리고 있는지를 먼저 조사해 자료를 모은다. 마트에서는 상품 사진을 찍거나 메모를 할 수 없기에 둘러보면서 사무실 직원에게 전화해 채소별 가격을 불러 주고, 그 직원은 충실히 기록하면 된다. 이렇게 지점별 매장(백화점 식품 코너, 대형 마트 등)을 돌면서 판매 실적과 가격을 정리해서 보고하면 그 조사 내용을 바탕으로 매입 가격에 마진을 붙인 공급 가격이 정해진다.

반품 과정도 마찬가지다. 연락이 왔을 때 내용물을 확인하러 매장에 방문하면 '오이가 너무 휘었다' '크기가 균일하지 않다' '색이 진하지 않다' '당도가 낮다' 등의 사유를 들지만, 어려서부터 농사 현장을 보며 자라 온 나는 선뜻 이해가 가지 않았다. 채소가 휘거나 모양이 균일하지 않은 것, 당도가 낮은 것… 이런 것들은 사실 물건에 흠이 있어서가 아니라 자연 그대로의 모습일 뿐이다. 그해에 자연 현상이 어떠했는지에 따라 수확물의 상태는 조금씩 달라질 수밖에 없는데, 판매자가 상품성이 없다고 판단하면 매대에 올라갈 기회조차 얻지 못하는 것이다. 생산자와 소비자의 중간 단계인 유통 및 판매 회사가 어떻게 기획하고 정보를 전달하느냐에 따라 농산물의 기준이 달라지고 거짓 정보가 유행처럼 번졌다 사라진다.

그즈음 '인큐 애호박'을 처음 접하기도 했다. 이는 호박 열매가 아주 작을 때부터 비닐을 씌워 키우는 방식이다. 이렇게 하면 애호박을 곧은 모양으로 키울 수 있고, 비닐 크기에 딱 맞게 자라면 수확한다. 상자에 들어갈 때도 수량 척척, 빈틈 하나 없이 포장된 채 납품된다. 마치 농산물이 아니라 공산품을 보는 기분이 들었다. 균일한 농산물을 판매하는 매장과 대량으로 재료를 사야 하는 요식업 주방에서는 작업 효율을 높이기에 탁월한 선택일 것이다. 그러나 농부들은 그만큼 노동력과 비용을 더 들여야 한다.

'생산성을 높이고 규격화하기 위한 농사 기술'이 미래 농업을 전부 대변하는 것처럼 사람들은 이야기한다. 나 역시 농업을 오랫동안 공부하며 그런 식의 이야기를 너무 많이 들었다. 하지만 여전히 '식물 공장'이라고 하면 새롭다기보다 낯설고 거부감이 먼저 든다. 이런 문제를 해결할 열쇠는 결국 소비자에게 있다고 생각한다. 소비자가 어떤 상품을 선택하느냐에 따라 시장 품목은 충분히 달라질 수 있다. 애초에 좋은 물건을 선택할 자유는 소비자 고유 권한이 아니던가. 재화에 대한 선택권을 대중 매체나 마케팅 전략에 내주고 있는 암울한 시대이지만, 그 가운데에서 내 고민은 늘 하나였다.

"부모 세대 때부터 자연스럽게 익혀 온 전통농업과 미래 농업 사이에서 나는 어떤 생산자가 되어야 할까?"

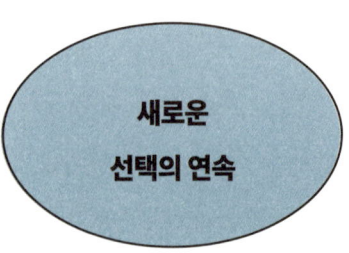

새로운
선택의 연속

　유통 회사에서 일한 지 6개월 만에 사표를 냈다. 그렇게 나는 또다시 취업 준비생으로 돌아갔고, 졸업 이후로도 얼마간 이런 상태로 지냈다. 당시 선배(남도)는 직장인 3년 차였다. 선배네 회사는 농업 분야 남북교류협력사업을 추진하던 한 비영리 단체로 남한은 농업 기술을, 북한은 토지를 제공해서 함께 상호 발전을 도모하고 있었다. 서로 가진 것으로 협력해 통일 농업의 기반을 조성하는 게 목표였다. 선배는 직접 차를 끌고 북한으로 출장을 가기도 했고, 금강산 관광과 벼 베기 행사 등을 진행하기도 했다.

　선배네 회사에서 진행하는 사업에는 다양한 농업 전문가들이 참여하곤 했는데, 그만큼 농업계 중요한 이슈를 빠르게 접할 수 있었다. 그래서 나는 종종 선배를 찾아가 식량 주권, 유전자 변형 식품(GMO), 농업 신기술, 먹을거리 등 농업과 농촌, 음식을 매개로 한 다양한 이야기를 들었다. 그동안 깊이 알지 못했던 농업의 전반적인 흐름을 알 수 있는 게 좋았다.

꼭 그런 나눔이 아니더라도 선배는 참 흥미로운 사람이었다. 그녀가 중학생일 때 국어 선생님이 시골살이 경험을 이야기해 줬는데, 그때 산장의 여주인이 되는 것을 꿈꿨다고 했다. 타샤 튜더처럼 자기만의 정원을 가꾸며 살고 싶다는 사람, 자급자족하는 삶을 꿈꾸는 사람… 그래서인지 손으로 무언가를 만드는 것을 좋아했다. 그녀는 삶을 천천히 음미하며 살고 싶다고 했다. 나이가 들어서도 꾸준히 활동할 수 있는 기술을 익히고 싶다고도 했다. 좋은 음식의 가치를 중시하고 나처럼 농부가 되고 싶다는 그 사람과 2008년 봄부터 연애를 시작했다.

우리는 돗자리를 들고 한강으로 나가 있기를 좋아했다. 느긋하게 맥주 한 잔 마시며 정말 많은 이야기를 나누었다. 차는 없었지만 가끔은 춘천 같은 지방 소도시로 훌쩍 여행을 떠나기도 했다. 멀지 않은 곳에 가서도 작은 골목과 사람들의 온기가 머무는 공간을 찾아다녔다. 가진 것이 별로 없고 정해진 미래가 없었어도 꽤 낭만적인 이십 대를 보냈다고 추억할 수 있는 이유는 그 시절 서로의 삶을 미주알고주알 나눌 대상이 가까이에 있었기 때문이라 생각한다.

　남도가 들려준 이야기 중 유난히 기억에 남는 게 있다. 이십 대의 남도가 일본에 있는 친구네 집에 3주 정도 머무르면서 겪은 일이다. 그녀는 친구에게 저녁을 해 주고 싶어서 그때 처음 지역 농산물을 지역에서 소비하는 로컬 매장에 가게 되었다고 했다. 그날 만든 요리는 우리가 지금도 매일같이 먹는 된장찌개, 달걀말이, 채소볶음과 같은 집밥 메뉴들이었는데, 왜 그런지 모르게 유난히 맛있게 느껴졌다고 한다. 가까운 생산자의 농산물을 맛볼 때는 유통 과정이 짧아서인지 더 신선하고 맛이 좋았다는 것이다.

　10년도 더 된 그날의 기억이 아직도 선명한 이유는 우리가 여전히 그 알 수 없는 힘을 믿으며 땅을 일구고 있기 때문일 것이다. 시골에서 자란 내가 도시에서 생활하면서 부모님이 보내 주신 온갖 제철 재료와 반찬의 힘으로 버텼던 것처럼, 남도도 음식에 얽힌 다양한 추억을 간직하고 있다. 어릴 때부터 거의 매 순간 엄마가 손수 지어 준 음식을 먹고 자랐다는 남도. 대학 시절 아버지 건강이 나빠지고서는 온 가족이 먹을거리에 더 신경을 쏟기 시작했다.

　남도가 태어나 오래 살았던 수유시장 근처는 서울이었지만 정감이 살아 있는 동네였다. 서울 생활을 하면서 느껴보지 못한 편안함을 나는 수유동에서 느꼈다. 남도는 어린 시절부터 쭉 이 동네에서 살았다. 그만큼 추억도 많았다. 주택이 늘어선 골목에서 아침마다 줄넘기를 했고, 한여름에는 부모님과 근처 계곡으로 놀러 가 더위를 피했다고 한다. 첫눈 오는 날, 아침 일찍 아버지가 깨워 사진을 찍으러 나갔다는 어린 시절 이야기는 내 시골 삶과 크게 다르지 않았다. 서울에서 10여 년을 살면서 만난 사람들은 나처럼 다른 지역에서 유입된 경우가 대부분이었고, 혹여 서울에서 나고 자란 친구가 있어도 성인이 되어 만난 사람들끼리 추억이 깃든 장소에 대해 나누기는 쉽지 않았다. 좋아하는 것도, 삶을 대하는 방식도 비슷한 우리는 그렇게 한 가족이 되기로 했다.

갑작스러운 미국 회사 취업기

도시에서 살든, 시골에서 살든 우리가 원하는 것은 하나였다. 주체적인 삶을 살 것. 만약 아이가 있다면 시골 감수성을 경험할 환경이면 더 좋겠다고 생각했다. 둘 다 식물 키우는 것, 요리하는 것을 정말 좋아했기 때문에, 자급자족이 가능한 한적한 장소는 늘 로망으로 남겨 뒀다. 현실적으로 도시에서 바쁜 삶을 살게 되더라도 나중을 생각하면 나름의 각오를 다질 수 있었다. 그때는 몸의 여유보다 마음의 여유를 잃지 않는 게 더 중요해 보였다. 그렇게 '막연히, 언젠가 시골 생활을 하고 싶다'는 꿈을 꾸다가 문득 이런 생각이 들었다.

'왜 꼭 나중으로 미뤄야 하지? 지금이면 안 되나?'

시골에서 농사를 짓는 삶이 가까이 보이기 시작한 건 그즈음이었다. 머릿속으로 수도 없이 상상했던 농장을 지금부터 일궈 봐도 좋지 않을까 싶어서 귀농 교육을 받아 보려던 순간, 다른 기회가 펼쳐졌다. 1년 넘게 쉬면서 교수님이 소개해 준 미국 회사와 인터뷰 일정을 조율하고 있었는데, 갑자기 상황이 급변한 것이다. 당시 비자가 없는 상태에서 미국을 방문하는 건 거의 불가능한 일이어서 면접을 포기하려던 찰나였다. 그런데 별안간 오바마가 미국 대통령으로 당선(2008년 11월)되면서 무비자로 입국할 기회가 생겼다. 일정 조율이 급작스럽게 다시 시작되었고, 이듬해 3월 서른 살의 나는 미국행 비행기에 몸을 실었다.

한국인이 대표였던 회사는 캘리포니아 어바인에 사무실을 두고, 미국 각지에 있는 농가와 계약해 건초를 받은 뒤 이것들을 모아 다시 한국 거래처로 보내는 일을 했다. 그래서 멕시코 국경 부근까지 다섯 시간 넘게 운전해 가거나 비행기를 타고 시애틀로 날아가는 등 갖가지 방법으로 농부를 만나러 다녔다. 출장에 동행하면서 거래처 농가와 건초를 포장하는 회사도 둘러볼 수 있었다.

회사에서 내가 맡게 될 업무는 오리건주에 있는 임대 농장을 관리하면서 자투리땅에 한국 채소를 심는 것이었다. 밭을 일구며 생산 현황을 살피는 목적이었다. 언제인지 몰라도 한국으로 돌아가면 귀농할 예정이었으니 미국에서 농사를 지어 보는 것은 그 자체로 나쁘지 않은 제안이었다. 인터뷰는 순조롭게 끝났고 한국으로 돌아온 나는 곧장 취업 비자 신청을 준비했다. 그때 미국은 불경기였기 때문에 취업 비자 신청자가 적은 편이었다. 덕분에 내 비자도 큰 문제 없이 바로 나왔다.

모든 것이 속전속결로 진행됐다. 다시 출국해야 하는 내 상황 탓에 남도와 나의 결혼도 서두르게 되었다. 다행히 양가 부모님은 우리가 원하는 삶의 모습, 우리의 뜻을 이해해 줬다. 웨딩 촬영, 혼수 같은 겉치레는 다 생략하고 기념할 만한 사진 한 장을 남기고 반지만 하나씩 나눠 끼는 소박한 결혼식이었다. 그리고 우리는 장거리 연애하는 커플처럼 남도는 부모님 집에서 출퇴근했고, 나는 미국에서 작은 방 하나를 빌려 생활했다.

캘리포니아 생활을 시작하다

결혼 하나로 일상이 크게 달라지지는 않았다. 다만 새로운 환경에 처한 만큼 적응을 위한 노력이 필요했다. 일은 오리건주가 아닌 캘리포니아에서 시작했다. 내가 취업 비자를 준비하는 동안 회사의 계획이 바뀐 탓이다. 해외에서 사들인 곡물을 현지에 유통하는 새로운 사업을 추가로 시작하게 되었는데, 그 업무 전체를 내가 담당하게 됐다. 옥수수차, 보리차, 볶은 깨 등을 포장하기 위해 공장도 인수했고 공장을 원활히 운영할 계획도 세워야 했다. 회의가 항상 많았고 현장도 자주 다녔다.

생산 담당자를 뽑은 뒤로는 공정 매뉴얼을 만드는 데 집중했다. 보리차, 볶은 통깨, 깨소금, 강냉이 등이 주 생산품이었는데, 이 제품들의 맛을 표준화하는 과정이었다. 시골 장터에 오일장이 설 때나 볼 수 있는 뻥튀기 기계를 서울 황학동에서 구해 미국으로 들여왔다. 그리고 직원들과 옥수수와 보리를 로스팅해 시음하면서 매뉴얼을 정리했다. 이런 제품들은 보통 마트나 대기업의 주문으로 제작되거나 도매 업체에 벌크로 판매했다.

한국을 비롯한 중국, 태국, 인도 등 각지에서 수입해 온 곡물이 소비자의 손에 닿기까지 생각보다 많은 과정이 필요했다. 재고 관리, 거래처 관리, 생산 관리, 납품 등을 내 손으로 직접 처리하다 보니 자연스럽게 유통 전반을 이해하게 됐다. 원거리에서 오는 곡물들은 수입이 확정되기 전에 먼저 거래처와 이메일을 주고받으며 샘플을 확인하는 단계를 거친다. 회사 대 회사로 무역 관계를 체결하면 일정에 맞게 물건이 도착하고 한동안 계약된 창고에 보관한다. 그렇게 창고에 쌓여 있는 곡물들을 보면 어느 나라에서 왔는지는 알지만 어떤 생산자가 어떻게 키웠고, 어떤 과정으로 유통되었는지는 자세히 알기 어렵다.

한국에서 짧게나마 일하며 경험한 유통이란 과정에 '무역'까지 추가된 모습을 보고 있으면 어쩐지 씁쓸했다. 생산자와 소비자의 거리가 한없이 멀게 느껴졌기 때문이다. 농업 이슈에서 빠지지 않고 등장하는 용어 중 하나가 바로 '식량 자급률'이다. 자국민이 생계를 이어가는 데 필요한 식량 총소비량 중 국내 생산이 차지하는 비율을 뜻한다. 농산물 무역 과정을 지켜보다 보면 이 자급률 걱정이 은연중에 올라온다. 나라마다 기호에 따른 고유 농작물이 있을 텐데 세계 각국에서 분업화해 생산하는 게 정말로 괜찮을까? 그러다가 한 나라의 식량 자급률이 현저히 낮아지기라도 한다면? 우리는 이미 이 문제에서 벗어날 수 없는 상태다.

한국의 식량 자급률 중 가장 높은 비중을 차지하는 품목은 단연 쌀이다. 그런데 이 쌀 자급률이 지속적으로 감소하고 있다. 2015년부터 쌀 수입이 자유화되면서 값싼 수입 쌀이 더 많이 들어왔기 때문이다. 7년이 흐른 지금, 식품 업계는 즉석밥이나 쌀 가공품을 만들 때도 저렴한 외국산 쌀을 활용하게 됐다. 만약 쌀값이 폭락해 재배를 포기하는 농부가 늘어나면 쌀의 수입 의존도는 높아질 수밖에 없다. 이런 상황에 무역 분쟁이 일어나 쌀 수입이 중단되기라도 하면 우리는 어떻게 될까? 무력을 동반하지 않아도 이런 식의 인명 피해나 비극은 충분히 일어날 수 있다. 러시아의 우크라이나 침공 문제를 떠올려도 쉽게 이해된다. 전쟁으로 세계 삼대 곡창지대 중 하나인 우크라이나의 해상 운송이 막히면서 밀 수출이 어려워졌는데, 그로 인해 세계는 치솟는 밀가루 가격(다른 곡물, 비료도 값이 크게 올랐다)을 경험했다. 이렇듯 우리는 식량이 언제든 무기가 될 수 있는 시대를 살아가고 있다.

미국 회사 생활에 크게 불만이 있는 것은 아니었지만, 이런 본질적인 고민을 피할 수는 없었다. 식량의 위험은 늘 도사리고 있는데, 사람들은 더 이상 먹을거리를 고민하지 않는다. 사람들이 농업과 경제, 농업과 자연의 깊은 연관성에 이토록 무감각한 이유는 무엇일까? 내가 생각하는 가장 큰 이유는 이런 것이다. 복잡한 유통 구조가 보이지 않으니 내가 먹는 이 재료가 언제, 어디서 나는지, 생산 과정이나 방식이 어떠한지를 따질 겨를이 없는 것이다. 소비자에게는 식량 자체보다 그것을 살 수 있는 경제력이 더 중요해졌고, 그것은 농부도 마찬가지다. 농부는 건강하고 좋은 먹을거리보다 비용 대비 높은 소득을 바라게 됐다. 다양한 품목을 심어 계절마다 제철 재료를 맛보던 풍요로운, 여유로운 농가의 모습은 이제 보편적이지 않다.

환경문제에 종사하는 사람 대부분이 처음에는 사회를 바꾸려고 애쓴다. 그러나 사회는 그리 간단히 변하지 않는다는 것을 깨닫고 이내 좌절한다. 하지만 사회는 쉽게 바뀌지 않아도 자신은 바꿀 수 있다는 것을 깨닫는다. 사람들 각자가 그렇게 생각하고 행동하면 사회는 저절로 달라질 것이다.

_《반농반X의 삶》 시오미 나오키 지음, 노경아 옮김

당시에는 묘연하기만 했던 문제가 한국으로 돌아와 꽃비원 농장을 준비하면서는 조금씩 실마리가 보였다. 자본주의, 산업화, 농산물 자유무역협정 등 농업을 위협하는 외부 조건들은 사실 바뀌지 않았다. 오히려 이 문제는 아무리 동시다발적으로 목소리를 낸다고 해도 하루아침에 바뀌기 어려운 지경에 이르렀다. 오랜 시간 농업 현장을 바라보며 허탈감을 느낄 때도 많았지만, 어느 순간 깨달았다. 결국 변화는 '나'에서 출발해야 한다는 사실을 말이다.

가장 작은 우리만의 첫 텃밭

미국 생활 2년이 빠르게 흘렀다. 막 결혼했을 당시에는 둘 다 모아 놓은 돈이 별로 없었기에 나는 나대로 홈스테이로 지내며 회사와 미국 생활에 적응하려 애썼다. 남도는 한국에서 미국 생활에 도움이 될 만한 준비를 조금씩 해 나가며 직장 생활을 이어갔다. 만약 우리가 집을 구하면 하숙집을 운영해 볼까 생각하며 한식 조리사 자격증을 따기도 했고, 당시 우리가 사는 지역에는 홈페이지를 제작하는 업체가 다양하지 않아서 웹디자인을 공부하기도 했다. 그렇게 2년 뒤 드디어 남도가 미국으로 오기로 했다.

남도와 떨어져 있는 2년 동안, 미국에서 고마운 사람들을 많이 만났다. 같은 회사 직원인 알렉스는 중고차 구입 같은 까다로운 문제가 생길 때마다 자기 일처럼 알아봐 줬고, 생활적인 면에서 곤란할 때도 마치 대리인처럼 나를 도와줬다. 어린 시절 미국에 정착한 이 친구는 이민 1.5세대였는데, 미국 문화와 한인 문화에 대해 많은 정보를 줬다. 내가 외로워하지 않도록 주말마다 자주 연락해 주고, 주변 지인의 모임에도 종종 데려갔다.

회사 인터뷰로 처음 미국을 찾았을 때 홈스테이 하우스에서 만난 한국 유학생 수호와도 꽤 오랫동안 교류했다. 내가 홈스테이 하우스를 떠나기 하루 전날, 다음으로 입주할 사람이 바로 수호였다. 딱 하루를 보냈을 뿐인데도 한국을 떠난 지 얼마 안 된 사람들끼리 만나서 그랬는지 금세 친해졌다. 밤새 술을 마시며 각자가 습득한 깨알 정보를 나눈 뒤 헤어졌는데, 취업 비자를 발급받고 다시 미국으로 돌아오니 여전히 수호가 그 자리에 있었다. 그 인연으로 우리는 가끔 만나 미국 근교로 여행을 다니곤 했다.

하지만 가장 가까운, 속내를 털어놓을 상대가 부재한다는 것은 생각보다 견디기 어려웠다. 나날이 외로움, 향수병이 짙어졌다. 같은 대한민국 땅이라면 모를까 미국은 물리적으로 먼 거리여서 훌쩍 본가에 다녀올 수도 없었다. 회사 업무로 스트레스가 심할 때는 그만두고 돌아갈까 하는 생각도 들었지만, 그런 중대사를 혼자서 결정할 수는 없는 노릇이었다. 어머니 음식, 고향 집 풍경, 한국의 사계절 등 모든 게 다 그리웠다. 2년 동안 한 번도 한국에 다녀오지 못해서 더 그랬던 게 아닌가 싶다. 결국 우리 부부는 미국에서 같이 생활하기로 했다. 어떤 일이든 같이 부딪치고 결정하면서 나아가 보자는 생각이었다.

스무 살에 집을 떠나 오랫동안 혼자 살면서 생긴 습관 중 하나는 집안 물건을 처음부터 늘리지 않는 것이다. 살면서 꼭 필요한 물건만 하나씩 장만해도 나중에는 살림이 크게 불어난다. 미국 생활을 처음 시작할 때 집을 빌리지 않고 홈스테이를 택한 것도 그런 이유였다. 그러나 이제 남도와 함께 생활해야 했기에 최소한의 살림살이는 갖출 필요가 있었다. 미국에 온 지 2년 만에 제대로 된 작은 아파트를 얻어 조촐한 신혼 생활을 시작했다.

한국에서 직장 생활을 오래 이어왔던 남도는 휴식이 필요해 보였다. 내가 회사에 출근해 일하는 동안, 남도는 집 근처 커뮤니티센터에서 요리 수업을 듣거나 집 주변을 산책했다. 손으로 하는 작업을 좋아하고 잘하는 편이라서 집안에서 코바늘을 뜨기도 했고, 새로 사귄 현지 친구를 만나러 외출하는 날도 있었다. 남도가 특별히 공을 들인 게 하나 더 있다면 우리가 사는 집의 베란다 공간에 텃밭을 꾸려 돌보는 일이었다.

쓰레기를 생각하다

사실 텃밭의 시작은 쓰레기 때문이었다. 둘만의 공간이 생기고 나니 혼자 살 때와 다르게 장도 자주 보고 필요한 물건을 살 일도 많았는데, 그러면서 쓰레기가 조금씩 늘어났다. 미국 생활을 하는 동안 가장 놀랐던 부분도 쓰레기 문제였다. 음식물, 플라스틱, 캔, 유리 등을 크게 분류하지 않고 하나의 쓰레기봉투에 담아 배출하는 게 특징이었다. 그리고 캘리포니아는 수질이 좋지 않아서 늘 생수를 사다 마셨다. 당연히 집안에는 플라스틱 통이 빠르게 쌓였다. 장바구니 없이 마트에 가면 물건을 하나하나 넣어 주는 비닐봉지 양에 놀랐고, 음식을 사서 포장해 오면 어마어마한 일회용기나 포장용기에 둘러싸였다.

우리는 자연스럽게 재활용 방법을 고민하기 시작했다. 병이나 캔, 간단한 플라스틱 쓰레기는 몇몇 마트에 설치된 재활용 수거 기계를 활용했다. 가끔은 이런 쓰레기들을 모아서 고물상 같은 곳에 갖다주기도 했다. 마트도 갈아탔다. 코스트코, 월마트 같은 대형 마트 대신 적은 단위로 물건을 파는 곳을 찾아 헤맸다. 고기는 정육점에서, 과일이나 채소도 작은 상점에서, 공산품이나 전자 제품은 각각의 물건을 판매하는 전문 매장으로 갔다. 특히 개인 용기를 가져가면 곡물을 필요한 만큼만 살 수 있는 홀 푸드 마켓(Whole Foods market, 유기농 농산물을 판매하는 슈퍼마켓 체인—편집자)이나 유기농 제품을 저렴한 가격에 파는 트레이더 조(Trader Joe's, 캘리포니아에 본사를 둔 식료품점 체인—편집자)를 자주 찾았다. 필요할 때는 주말마다 근교 농장을 둘러보기도 했다.

그리고 생수를 사 먹고 남은 페트병이나 포장 음식의 잔재인 각종 용기는 우리 집 베란다 공간으로 이동해 화분이 되었다. 남도가 한국에서 가지고 온 씨앗이 조금 있었기에 우리는 이 쓰레기를 활용해 작은 텃밭을 꾸미기로 했다. 당시 미국 한인 마트에서 파는 농산물 종류는 생각보다 다양하지 않았다. 한국 채소를 키우는 농장을 미국에서 시작해도 좋겠다는 생각이 들 정도로 우리는 늘 농사에 진심이었다.

나는 낮 시간 대부분을 회사에서 보내야 했기에 베란다 텃밭은 주로 남도의 취미 공간이었다. 남도의 정성으로 작물들은 무럭무럭 자라났다. 빈 페트병을 화분으로 만드는 방법은 간단하다. 2리터 생수통 윗부분을 자른 뒤 아래쪽에 물이 빠지는 구멍을 낸다. 그리고 밑부분에 10센티미터 높이로 돌을 채우고 그 위를 흙으로 덮어 채운다. 흙 한가운데를 판 뒤 상추나 깻잎, 바질 씨앗을 뿌리면 끝. 우리 집 베란다는 금세 페트병 화분들로 가득 채워졌다. 시간이 지나면서 스타벅스 컵이나 우유팩, 달걀판 등 다양한 모양의 용기도 화분이 되었다.

재활용 용기로 화분 만드는 방법은 의외로 간단하다. 용기 아래에 물이 빠지는 구멍을 내고 밑부분을 돌과 흙 순으로 채운 뒤 씨를 뿌리면 된다.

나팔꽃과 오이, 먹고 남은 쪽파 뿌리도 싹이 잘 올라왔다. 초록이 모인 공간은 그 자체로 풍성해 마음이 덩달아 부유해진다. 남도의 수고로움에 보답하는 마음으로 나는 베란다 텃밭에 관람석을 만들었다. 의자를 만들고 화분들을 올려 둘 판을 짰다. 보기만 해도 흐뭇한 첫 정원이었다.

한번은 엄청나게 쏟아지는 빗소리에 자다가 깬 적이 있었다. 캘리포니아는 좀처럼 비가 내리지 않는데, 그날 밤은 거의 폭우에 가까운 비가 내렸다. 우리 둘은 동시에 베란다로 뛰쳐나갔다. 화분에는 이미 물이 차올라 이제 막 올라온 싹들이 뿌리째 들려 둥둥 떠다니고 있었다. 남도는 물을 빼면서 엉엉 울었다. 그것들을 다시 심고 다음 날 분무기로 흙을 씻어 내며 제발 살아나길 바랐다.

먹고 쓰고 버리는 일

상추나 허브, 파와 같은 채소는 그저 단순한 식재료일 수 있다. 그런데 그토록 참담하고 눈물이 났던 이유는 무엇일까. 그것은 아마도 우리가 이 식물들에게 가장 좋은 환경을 제공하려 애썼기 때문일 것이다. 물이나 햇빛이 부족하거나 과하지 않도록, 벌레나 해충이 생기지 않도록, 생육 온도에 맞도록 화분을 집안으로 옮겼다 베란다로 내놓기를 반복했다. 그런 우리의 마음 자체가 이 채소를 반려 식물로 여기고 있다는 의미였다. 이 채소들은 자라서 우리 몸속으로 들어와 영양분이 된다. 그리고 이듬해에 다시 씨앗을 심으면 이 과정이 반복된다.

하지만 우리가 먹고 마시는 모든 음식이 이렇게 선순환 구조로 돌아가는 것은 아니다. 특히 농업은 1950년대 전후로 기업화, 대량 생산화하기 시작했다. 우리가 먹는 음식이 대규모로 생산될 때 어떤 문제가 발생할 수 있는지를 잘 보여 주는 다큐멘터리 영화 중에 〈푸드 주식회사(Food, Inc.)〉(2008)가 있다.

영화가 중점적으로 다루는 것은 몇몇 큰 식품회사 이야기이다. 기업이 전체 시장을 장악하고 국회의원들에게 로비하고 농부들에게는 정부 보조금을 지급하면서 옥수수의 대량 생산을 권한다. 식품회사는 이렇게 생산된 옥수수를 저렴하게 사들여 각종 가공식품을 만드는 데 활용하며 가축들 사료로 쓴다. 초식동물인 소에게 풀이 아닌 옥수수를 먹이면 어떤 문제가 생길까? 소의 위에서 변종 슈퍼박테리아가 발생하고 비위생적인 환경에서 집단 사육한 소를 도살할 때 감염증이 크게 퍼진다. 비단 소뿐만이 아니다. 성장 촉진제를 먹여 급속 성장한 닭은 몸을 가누지도 못하는데, 식품회사는 병든 닭을 따로 구분하지도 않고 상품화시킨다. 한편 미국 농부무(USDA)는 친환경 농장을 비위생적이라는 이유로 강제로 폐쇄하려

한다. 식품회사가 종자를 소유할 수 있도록 특허를 신청한다. 그리고 유전자 변형 농수산물(GMO)의 상표표시 의무화 법안이 통과되지 못하도록 방해한다.

거대한 식품회사가 사람들이 간편히 먹을 수 있는 식품을 개발하는 일에만 몰두하는 것은 아니다. 씨앗, 생산 품목, 가공, 유통 전반에 영향을 미치고 자연의 순환 결과인 먹을거리 대신 식품의 공장 시스템을 구축해 왔다. 이것이 우리가 모르고 먹는 음식들이며 이 전반을 '식품 산업'이라고 부른다.

농사와 음식, 건강이 이어진 삶을 생각하면 결국 헬렌 니어링·스코트 니어링이 주장한 《조화로운 삶》으로 되돌아가게 된다. 그들은 '먹고 사는 문제를 해결할 방법을 생각하고, 집 짓는 계획을 세우고, 좋은 곡식을 가꾸기 위한 방법을 찾아 나간다 해도, 이 일들이 집을 짓고 농사짓는 사람의 건강에 도움이 안 된다면 아무 뜻이 없을 것이다'라고 말한다. 그리고 '땅에서 좋은 양식을 거두는 일과 훌륭한 먹을거리를 사람 몸속으로 받아들이는 일은 서로 다른 일'이라고 덧붙인다. 이 부분이 전하고 싶은 말은 농법에 관한 것일 수 있다. 약품을 치고 가공, 보존, 포장을 강화하는 과정에서 각종 농산물은 비소, 수은, 구리, 유황 등 독성을 일으키기 쉬운 물질을 함유하게 된다. 그리고 생기지 않아도 될 다양한 쓰레기를 남긴다. 우리가 좋은 식량을 얻고 서로 공존하는 사이가 되어야 할 땅과 자연은 그렇게 서서히 망가진다.

조금 거창하게 들릴지 모르겠지만, 우리가 베란다에서 가꾼 작은 텃밭은 자연과 서로 연결되는 귀한 체험이었다. 조화로운 삶을 살길 바란다면 삶의 우선순위를 바꿀 필요가 있다고 느끼는 계기가 되기도 했다. 물론 이런 실천을 모두에게 강요할 수 없다는 사실은 때때로 절망적이다. 그러나 우리 가족의 선택을 보고 누군가가 영향을 받을지도 모른다고 생각하면 용기가 난다.

슬로 라이프와 작은 실천

미국에서 남도와 함께 지내는 동안, 신선 채소나 달걀, 과일 등을 집 주변 파머스 마켓(Farmers Market, 노천 시장 형태로 운영되는 농부시장으로, 밭에서 직접 수확한 신선한 농산물이나 생화 외에 다양한 잡화, 요리 등을 파는 좌판이 늘어서 있다—편집자)에서 살 때도 많았다. 가장 처음에 갔던 곳은 캘리포니아대학교 어바인 캠퍼스에서 열렸다. 농부들이 직접 키운 채소를 판매하는 모습이 매우 생동감 있게 느껴졌던 기억이 있다. 농부들은 자신이 수확한 농산물에 대해 열심히 설명했고, 그 설명을 들으며 재료를 먹을 만큼 구입해 돌아오는 날에는 스스로 뿌듯함을 느꼈다. 농가들마다 주력 상품이 있는데, 맛도 품종도 다양했다.

당시 한국에는 파머스 마켓처럼 농부와 소비자가 직접 소통할 시장이 거의 없었다. 그러다 보니 농촌은 유통 회사가 원하는 단일 품목과 단일 품종을 키우는 경우가 대부분이었다. 결과적으로는 비슷한 시기에 같은 작물로 서로 경쟁해야 하니 조금 일찍 출하하고자 시설재배를 택하거나 상품의 외형에 집중할 수밖에 없었다. 생산자와 소비자가 직접 만난다면 농부는 더 다양한 품종을 키워 볼 여지가 생기는 것이다.

회사에서 유통하는 곡물을 팔 때, 거래처에 대해 명확히 설명하기 어려울 때가 많았다. 다른 나라는 물론이고 미국 내에서도 거리가 먼 지역은 농장을 둘러볼 겨를도 없이 메일로만 거의 소통했다. 그러니 그 농산물을 제대로 설명할 수 없는 것은 당연한 결과였다. 그런 내 눈에 파머스 마켓에 참여한 농부들 모습이 들어왔다. 그들을 보면서 나도 언젠가는 저렇게 '얼굴 있는' 농산물을 판매하는 생산자가 되고 싶다는 생각이 들었다. 유통 과정을 줄이는 것은 생산자와 소비자를 모두 웃게 만든다. 구입 경로가 간편한 만큼 관계도 금방 좁혀진다. 한 농부의 트럭에 적힌 문구 'No Farms No Food'는 내게 좌우명처럼 남았다.

'슬로 라이프'라는 말에서 무엇을 떠올리십니까? 주말 상 낚시, 바다가 보이는 집, 집에서 직접 만든 요리, 오후의 낮잠, 텃밭이 있는 생활, 깨끗한 물과 공기, 에코 하우스, 채식, 친구들과의 잡담, 정원 가꾸기, 일요 목공, 아침 산책, 아이 키우기, 비폭력과 평화… 이런 것들을 떠올린다면 당신은 이미 '느림의 삶'을 경험하고 있는 것입니다. 촛불을 켜는 것처럼 아주 사소한 일상의 한 장면 속에 바로 슬로 라이프가 있는 것이니까요. 우리는 돈, 효율, 경제성장 같은 것을 우선시하는 사회에 살면서, 삶의 사소하고도 당연한 즐거움, 아름다움, 편안함 등으로부터는 멀어졌습니다. 이와 같은 '패스트 라이프'를 돌아보면서 이제 인생에 있어 '가치의 우선 순위'를 바꿔놓기 시작한 당신은, 이미 새로운 삶의 국면을 위한 중요한 키워드를 포착한 것입니다.

_《슬로 라이프》쓰지 신이치 지음, 김향 옮김

이 글은《슬로 라이프》라는 책에 등장하는 구절이다. 삶의 조화로움을 연구한 많은 이들이 공통적으로 설명한 부분이 내 삶에도 큰 영향을 줬다. 우리가 먹고 마시는 모든 것들이 사실 서로 연결되어 있다는 관점이다. 농장과 농부의 건강하고 주체적인 삶이 결국 좋은 음식으로, 환경에 폐를 덜 끼치는 방식으로 이어질 수 있는 것이

캘리포니아대학교 어바인 캠퍼스에서 열린 파머스 마켓. 밭에서 직접 수확한 신선한 농산물이 거래되는 모습을 바라보고 있으면 생동감이 느껴진다.

다. 나 또한 조금 불편하더라도 누군가와 경쟁하지 않고 환경에 피해를 덜 주는 방식으로 이 세상을 살아가고 싶다.

자본주의 사회에서 소비하지 않는 삶을 사는 것은 매우 어려운 일이다. 그러나 내가 택하는 소비 방식이나 태도를 점검하는 일은 중요하다. 시골에 살면서 돈이 되는 농산물을 대량으로 생산해 돈을 벌고, 그 돈으로 건강한 음식을 사 먹겠다는 방식은 도시의 소비 방식과 전혀 다를 게 없어 보였다. 어떻게 하면 대량 생산 시스템에 의존하지 않고 살아갈 수 있을까? 사랑하는 가족들을 위한 건강한 먹을거리를 찾아 헤매기보다 내가 직접 건강하게 키운다면 그게 더 이상적이지 않나? 큰 소득을 기대할 수 없더라도 땅을 통해 작물을 얻고, 그것들을 요리해 먹는다면 세계를 뒤덮고 있는 돈의 순환 방식을 따르지 않고, 내 나름의 순환 구조를 만들어갈 수 있겠구나. 미국 생활과 쓰레기더미는 그런 식으로 우리에게 영감을 줬다.

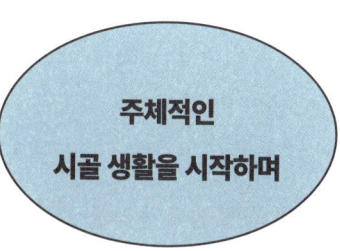

주체적인 시골 생활을 시작하며

 미국 생활로 얻은 가장 큰 배움은 어쩌면 하나였다. 남은 인생, 주체적으로 살아봐야겠다. 자급자족이 가능한 구조를 만들어야겠다. 그렇게 시골로 내려가기로 마음을 정하고 한국에 돌아오자 주변 사람들은 대단하다고 하면서도 한편으로는 앞으로 펼쳐질 우리 삶을 많이 우려했다. 논산에 내려와 막 자리를 잡아가려 할 때 가까운 지인조차 우리가 왜 이 힘든 일을 자진해서 하는지 의아해했다. 가족 중 누가 아프냐고 노골적으로 묻는 사람도 있었다. 시골이 좋고, 여기서 아이를 키우고 싶어서라고 얘기하면 "아이는 도시에서 키워야지 시골에서는 어렵다"는 말만 되돌아왔다. 시골에서 자랐기 때문에 주변 분들이 하는 말에 공감하지 못했던 것은 아니다. 하지만 그럴 때마다 보란 듯이 이 추상적인 목표를 이뤄 내고 싶었다. 꼭 그래야겠다는 다짐도 여러 번 했다.

처음 나무 묘목을 심었을 때의 농장 모습은 정말 횅하기 그지없었다. 우리는 그 공간에 꽃도 심고 농작물도 심을 수 있는 주말농장을 분양했다. 보통 도시 근교나 구청 및 지자체에서 분양하는 주말농장은 대부분 농사 체험 형태로 운영된다. 참여자들은 이 공간에서 자신들이 먹을 식량을 직접 기른다. 그런데 우리는 미국에서 봤던 커뮤니티 가든(Community Garden)처럼 운영하고 싶었다.

커뮤니티 가든은 '꽃과 식물을 좋아하고 주거 지역을 아름답게 만들고 싶은 지역 공동체의 텃밭 및 커뮤니티 공간'으로 정의되곤 한다. 커뮤니티 가든의 출현은 농경 사회의 시작과 거의 시기가 겹칠 정도로 긴 역사를 가진다. 유럽과 미국을 중심으로 발달한 지역 공동체이지만, 지금은 도시화·산업화가 가속화된 사회라면 어느 곳에서든 볼 수 있는 도심 공동체다. 우리는 안전한 먹을거리를 상징하는 농작물이 아니더라도 식물을 가꾸는 데 흥미가 있는 다양한 사람들을 만나고 싶었다. 그리고 아직은 초보 농부이지만 이곳에서 농사 활동을 공유할 커뮤니티를 조성했으면 했다.

첫 손님은 대학 동기였는데, 1년에 두 번은 만나자며 고구마를 심어 두고 갔다. 아이와 같이 텃밭을 일궈 보고 싶다는 가족도, 도시에서 살다가 논산으로 이주한 가족(이 분들은 도시에서 주말농장을 운영한 경험이 있다)도 분양을 신청했다. 처음에는 소규모인데도 농장으로 손님들이 찾아오는 게 마냥 신기했다. 그러나 커뮤니티 가든을 꿈꾸던 우리의 바람과는 다르게 주말농장 참가자들은 손쉽게 키울 수 있는 작물들 위주로만 심었다. 그마저도 여름이 지나면서 텃밭은 풀밭으로 바뀌었고 이듬해에는 신청으로 이어지지 않았다. 대학 동기들은 꾸준히 활동을 이어갔지만, 코로나가 시작되면서 그 활동마저 멈추었다.

당시 주말농장을 분양하고도 비슷한 면적의 땅이 남았는데, 그곳에는 감자를 심었다. 3월 말에서 4월 초, 서리가 내리지 않는 봄이 오면 씨감자를 쪼개 땅에 심는다. 그러면 6월 중순쯤 수확할 수 있다. 보통 하지쯤 수확하기 때문에 이 감자를 '하지감자'라고 부른다. 파머스 마켓에서 만난 감자들처럼 대서, 두백, 수미, 홍영, 자영 등 다양한 품종을 심었던 기억이 난다. 그렇게 감자는 우리의 첫 판매 농작물이 되었다. 수확한 감자는 그동안 우리 시골 생활을 묵묵히 응원하던 분들이 주로 구매해 줬다.

감자는 조림용, 튀김용 등 조리법에 따라 종류가 달라지고 크기별로도 중, 상, 특, 왕특, 왕왕 등으로 구별한다. 처음에는 이렇게 다양한 분류 기준이 있다는 사실이 놀라웠다. 동시에 크기별로 분류하려면 노동력이 많이 들지 않을까 생각했다. 소비자는 용도에 맞게 구매할 수 있어 편리하겠지만, 농부에게는 모든 크기의 감자가 골고루 팔리지 않아서 한 종류의 감자만 재고로 남으면 그것도 리스크가 된다.

농작물 가격은 항상 변한다. 그런데 우리는 매년 정한 가격으로, 크기도 따로 구분하지 않고 한 박스에 담아 판매한다. 다양한 크기의 감자는 용도에 맞게 먹을 수 있다는 안내 편지도 함께 동봉한다. 해가 바뀌어도 동일 가격을 유지하면 시장가가 비쌀 때는 금방 팔릴 것이다. 반대로 시장가가 낮으면 우리 감자는 잘 팔리지 않을 수도 있다. 농가에 쏟는 비용은 비슷할 텐데, 시장가에 따라 돈을 벌 수도 있고 못 벌 수도 있다면 불안해서 농사를 지을 수 없는 것 아닌가 생각한 적도 있다. 특히나 꽃비원은 다른 사람 손을 빌리지 않고 농사를 짓기 때문에 규모나 생산량을 더 늘리기도 어려운 실정이다.

실제로 감자 판매 금액에서 씨감자, 박스, 택배 비용 등 생산에 들어간 비용을 제했을 때 순수익을 보고 조금 충격을 받았다. 주말농장으로 분양한 땅에서 더 많은 소득을 얻었기 때문이다. 1차 생산물 가격이 다른 공산품에 비해 너무 낮다는 사실을 직접 눈으로 확인하자 꽤 풀이 죽었다.

가을에 수확한 감자는 일부 저장해 뒀다가 이듬해 3월 말경에 쪼개 땅에 심는다. 그러면 6월 중순쯤 다시 수확할 수 있다.

꽃비원만의 방식 정하기

농업 방식이 대대적으로 바뀐 시점을 '녹색혁명(Green Revolution, 20세기 후반 농업 생산량을 크게 늘리기 위해 농업에 현대 기술을 반영한 전 과정 및 결과―편집자)'이라고 한다. 이 혁명은 식량 부족 문제를 해결한다는 큰 목적으로 시작되었지만 농법의 핵심은 화학비료, 개량 종자, 농약, 관개시설과 같은 신기술에 집중되어 있다. 그렇지만 녹색혁명의 성공 여부에 관해서는 여전히 의견이 갈린다. 개량종(교배, 접목 등을 통해 우수한 형질을 갖도록 길러 낸 새로운 품종으로 화학비료에 더 잘 반응한다―편집자)을 심고 거둬 수확량 자체는 크게 늘었어도 절대 빈곤층이 사라지지는 않았기 때문이다.

《굶주리는 세계》《왜 세계의 절반은 굶주리는가?》와 같은 책들을 보면 제아무리 식량 공급이 증대해도 세계적 차원의 기아 문제가 완벽히 사라질 수 없는 이유가 등장한다. 이는 식량과 식량 자원에 접근할 때 평등과 불평등 문제가 적용되기 때문이다.

> 수확량만으로는 굶주린 인구의 변화에 대해 아무것도 알 수 없다. 녹색혁명이나 식량 생산증대를 위한 다른 전략들이 굶주림을 줄여주는지 경제적·정치적·문화적 규범에 달려 있다. 누가 늘어난 생산의 공급자로서 혜택을 받고(누구의 땅과 곡물이 번성하

고 이윤을 얻는가), 누가 소비자로서 그 혜택을 받는가(누가 그 식량을 얼마의 값에 얻는가)를 좌우하는 것이 이 규범들이기 때문이다.

_《굶주리는 세계》 프랜씨스 라페 외 지음, 허남혁 옮김

규범으로 인한 평등과 불평등 문제는 소농과 대농(산업형 농부)에도 그대로 적용된다. 사실 농업의 규모를 소농과 대농으로 구분할 명확한 기준이 있지는 않다. 일반적으로 300평 이상의 면적에 농사를 지으면 농지원부(농지법상 농지의 소유나 실태를 파악해 효율적으로 관리하기 위한 장부—편집자)를 받을 수 있기에 생산적인 측면에서는 최소 단위라고 볼 수도 있다. 하지만 2022년부터 '농지대장'으로 그 명칭이 변경되면서 300평 이하도 농업경영 계획서와 증빙서류를 제출하면 심사를 거쳐 농지대장을 만들 수 있게 되었다. 보통 산업형 농업을 지향하는 농가에는 정부 보조금, 농업금융, 제도적 지원과 혜택이 집중되지만 작은 단위로 농사짓는 농가를 지원하는 정책은 상대적으로 부족한 게 현실이다. 소농의 판로를 함께 고민하고 생산 외에 농업의 다양한 가치를 지킬 수 있도록 힘써야 할 이유가 여기에 있다.

감자의 수확과 판매는 농업의 방향성을 고민하는 큰 계기가 되었다. '결국은 규모 있는 농업과 생산, 가공만이 정답인가?' 하는 허

무한 생각도 잠시 들었다. 그런데 각종 농기계와 비료 등을 높은 가격에 사들여 투자 비용을 늘린 뒤 수확량에서 그 비용을 뽑는 게 더 좋은 해결책이라 볼 수도 없다. 보통 초기 투자가 많은 농부들은 빚과 과한 노동, 높은 유지비에 허덕인다. 불안정하고 피곤한, 만족스럽지 않은 삶이 이어질 수도 있다는 얘기다. 꽃비원은 처음의 결정을 뒤엎지 않았다. 대신 '소비자들과 오래오래 깊은 관계를 유지하고 싶다'는 마음을 유지하면서 '관계'에 더 집중해 보기로 했다.

우리가 세운 농사 원칙이 거창하지는 않다. 단지 농업 산업화 시스템에서 한 발짝 벗어나서 땅을 일구는 농부가 되고 싶었고, 그 기준에 따르면서 자연스럽게 우리만의 약속이 생겼을 뿐이다. 가장 먼저 화학비료와 농약을 사용하지 않기로 했다. 유기농 퇴비를 조금 뿌리긴 해도 생산성은 물론 낮았다. 비닐하우스 같은 시설을 갖춰 재배하는 것도 아니라서 연중 내내 생산하거나 계절을 앞당겨 농사를 지을 수도 없다.

농장을 운영하던 초반에 소득을 높이려고 고추 2천 주를 심은 적이 있다. 그런데 살균제, 살충제 같은 농약을 사용하지 않으니 두 번 정도 수확하고 농사를 접어야 했다. 고추 농사를 짓는 분들은 보통 탄저병이 심한 해에는 살균제를 자주 뿌리는데, 빨간 고추를 수확한 뒤 농약을 뿌리고 다시 일주일쯤 지나 고추가 빨개지면 수확하고 다시 농약을 뿌리는 식이다. 비가 오면 아침저녁으로 뿌리기도 하는데, 이렇게 노력을 하는 만큼 여덟 번 이상 고추를 수확한다. 그만큼 노동력이 많이 들면서 고소득 작물인 셈이다.

　농약 중 제초제를 사용하지 않는다는 것은 1년에 세 번 이상은 농장 전체 풀을 관리해야 한다는 의미이다. 어쩌면 1년 중 가장 많은 노동력이 필요한 때가 풀 관리 시기일지도 모르겠다. 꽃비원은 보통 5월부터 손과 예초기로 농장 곳곳에 올라온 잡초를 제거한다. 작기(作期)가 긴 작물은 비닐 멀칭(vinyl mulching, 온도 및 수분 유지, 잡초 억제를 위해 플라스틱 필름과 같은 비닐 필름으로 땅의 표면을 덮어 주는 것—편집자)을 사용하기도 하지만, 대부분은 이렇게 손과 몸을 부지런히 움직이는 식으로 진행된다.

　이렇듯 과거에는 환경에 피해를 덜 주는 방식으로 식량을 얻었다. 우리는 이 방법이 결국 농업의 순환 구조이자, 우리가 즐겁게 오래도록 농사를 지을 방법이라고 생각하고 있다. 키우는 작물은 최대한 종자를 채종해서 다음 해에 심는 것, 살충제·살균제·제초제 등 농약을 사용하지 않는 것, 호르몬제나 화학비료를 사용하지 않는 것, 경운은 최소화하고 심경(deep plowing, 깊이갈이)보다는 천경(shallow plowing, 얕이갈이)을 한다. 비닐 멀칭은 점점 줄여 나가며 서로 경합하지 않는 작물을 혼작(섞어짓기)하고, 작물과 작물 사이 간격을 넓게 심는다. 한 작물을 한곳에 오래 심기보다 구역을 나눠 윤작(돌려짓기)하고 콩과 작물을 심어 지력을 높인다. 나무 밑에는 월동하는 키 작은 작물을 심어 매년 관리해 나가며 채소밭에도 활엽수를 심어 겨울에 낙엽이 땅을 덮을 수 있도록 하고 있다.

소비자를 찾습니다

영화 〈리틀 포레스트〉가 시골을 겪어 보는 즐거움을 이야기하는 영화라면 〈인생 후르츠〉는 우리가 꿈꾸는 소박한 미래라고 생각했다. 자연과 더불어 계절의 변화를 느끼며 나이 들고 싶다는 생각은 여전히 우리가 꿈꾸는 미래이니 말이다. 그러다 2021년에 개봉한 〈미나리〉를 보게 됐다. 가족들이 트레일러로 만든 집과 땅만 덩그러니 있는 척박한 농장에 도착하는 장면부터 울컥했다. 처음 땅을 일구는 사람들, 농부의 현실을 그대로 보여 주는 듯했다. 나 또한 미국에 정착하게 된다면 한국 채소를 키우는 농장을 운영하고 싶다는 생각을 했었다. 물론 아이가 생기면서 한국으로 돌아오게 되었지만, 낯선 땅에서 어떻게든 정착해 살아가고 싶은 아빠 제이콥(스티븐 연 분)의 마음은 여전히 공감 가는 지점이 많다.

농사란 비, 바람, 햇빛, 기온 등 기후 외에도 다양한 조건의 영향을 받는다. 특히나 우리처럼 농사 규모나 생산 방식을 바꾸지 않으려는 농가가 수익을 위해 선택할 방법은 그리 많지 않다. 영화 〈미나리〉에서 제이콥네 가족들이 수확한 채소를 납품할 경로를 직접 찾아다니는 장면이 있다. 원래는 미국 댈러스로 갈 채소였지만, 납품업체 사장이 갑자기 물건을 받지 않겠다고 하는 바람에 가까운 한인 마트에 직접 방문하게 된 것이다.

꽃비원을 시작한 지 1년도 채 되지 않았을 때 우리가 생각한 대안도 바로 그것이었다. 꽃비원 농장에서 수확한 물건의 가치를 알아줄 소비자를 직접 만나는 방법. 전통 농사와 비슷한 방법으로 키운 농작물은 대량 생산용으로 기른 농작물과 비교하면 모양이 균일하지 않지만, 작물이 가지는 고유의 맛과 특징이 분명 다르다. 만약 미국에서 경험한 파머스 마켓처럼 '얼굴 있는 농산물'이 된다면 그 관계성을 믿고 꾸준히 거래해 줄 소비자가 어딘가에 있을 것이라는 확신이 들었다. 가까운 전주나 대전에서 플리 마켓이 열리면 혹시 우리 농산물을 소개할 수 있지 않을까 기웃거리기도 하고 네이버에 카페를 만들어 소통한 적도 있다.

그러다 5월 어느 여름날, 서울에서 치섭 형과 다미 씨 부부가 놀러왔다. 낮에 같이 밭일을 한 뒤 저녁 식사를 하며 '마르쉐@'라는 장터 이야기를 들었다. 대학로 마로니에 공원에서 열리는 시장인데, 본인이 직접 작업한 물건을 가지고 나와 파는 곳이었다. 농부는 농산물을, 요리사는 직접 만든 요리를, 수공예가는 자신이 만든 공예품을 소개하는 방식이었다. 매달 둘째 주 일요일에 열린다는 이야기를 들었는데, 농사일이 바빠지는 바람에 기약 없이 미뤄지다가 9월이 되어서야 처음 가 보았다.

 마르쉐@의 첫인상은 정말 흥미로웠다. 틀 없이 자유로웠고, 소개된 물건마다 작업자의 애정이 듬뿍 담겨 있었다. 참여자 중에는 도심 주변에서 농사를 짓는 도시농부들도 많았는데, 바질, 오레가노, 파슬리 같은 다양한 생 허브와 서울에서 꿀벌을 키워 얻은 꿀, 장흥에서 생산한 패션 프루트, 땅콩호박 등 마트에서 흔히 볼 수 없는 새로운 작물도 눈에 띄었다. 마침 마르쉐@의 주최 측은 시장 규모를 늘릴 계획이었기에 추가로 생산자를 모집하고 있었다. 참가를 원하는 팀은 시장이 열리는 중에 잠시 사업 발표를 할 수 있었다. 우리는 그 자리에서 꽃비원을 소개했다. 그때 농부시장 마르쉐@의 공동 기획자인 김수향 대표(前 카페 수카라 대표, 現 발효카페 큔 대표)를 만났다.

 우리는 시작한 지 얼마 되지 않아서 거창한 이력도 없는 작은 농장이었지만, 자급자족을 기반으로 다양한 제철 채소를 키우고 있다고 소개했다. 당시 김수향 대표가 운영하던 카페 수카라는 홍대 산울림소극장 1층에 문을 연 제철 채소 중심 요리 공간이었다. 농부에게 직접 받은 제철 채소로 간단한 식사와 디저트, 음료를 만들어 팔고 있었다. 그렇게 우리는 '제철 채소'라는 부분에서 서로 얼굴을 마주했다. 그리고 다음 달인 2013년 10월, 우리는 마르쉐@의 생산자로 처음 출점했다. 마르쉐@도, 꽃비원도 시작한 지 1주년이 되었을 때였다.

2부

반농사, 반요리 라이프

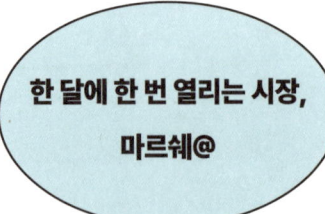

한 달에 한 번 열리는 시장, 마르쉐@

나무는 보통 3년 차부터 과실을 수확할 수 있다. 그래서 우리는 나무를 심지 않은 빈 땅에 평소 관심이 많았던 자급할 채소를 심어 보기로 했다. 처음에는 동네 어르신들이나 부모님이 작물 심는 시기에 맞춰 따라 심었고, 씨앗 파종부터 자라는 과정을 관찰하며 사진으로 기록했다.

당근, 양파, 마늘, 비트 등 뿌리채소는 단단하고 향이 좋았다. 처음에는 모양이 울퉁불퉁했던 당근이 몇 년이 지나고 토질이 점점 좋아지자 제법 당근의 모양을 갖추기 시작했다. 참기름을 판매할 정도로 참깨를 키워 봤지만, 한여름 수확철이 육아와 겹치자 너무 힘이 들어서 다른 작물에 집중하기로 했다. 무, 배추, 고추 등 병해충의 피해가 큰 작물은 적당히 심고 오레가노, 민트, 차이브 등 월동하는 허브는 자리를 정해 허브밭을 만들었다. 아티초크나 퀴노아 같은 서양 채소를 노지에서 키우려 시도했다가 기후가 맞지 않아 실패한 적도 있다. 이런 식으로 매년 기록한 내용을 바탕으로 꽃비원에서 키우기 적합한 작물을 찾아갔다.

한 예로 당근은 씨앗을 뿌리고 중간중간 적당한 거리를 두고 솎아야 남은 당근의 뿌리가 일정한 크기로 잘 자란다. 손가락 굵기의 가느다란 뿌리가 점점 굵어지고 색이 진해져 어엿한 당근이 되었을 때도 물론 신비롭지만, 사실 모든 과정이 다 자연의 신비다. 남도가 푸릇한 초록빛의 당근잎을 처음 봤을 때 신기해하던 모습이 여전히 기억난다. 그래서인지 우리는 당근을 솎을 때 가느다란 뿌리마저 버리기 아까워 집으로 가져와 부침개를 부쳐 먹거나 카레에 넣어 먹었다. 목화씨를 심었을 때도 신기한 기분은 매한가지였다. 꽃이 지면 봉긋한 다래가 터지면서 그 안에 하얀 솜이 생기는데, 그 모습을 보면 씨앗이 작물이 되어 자라나는 순간순간이 얼마나 아름다운지를 깨닫게 된다.

1년 가까이 거의 실험하는 기분으로 작물의 생태를 지켜봐 온 우리가 2013년 10월 처음 마르쉐@에 가져가기로 마음먹은 채소 품목은 옥수수차, 결명자차, 땅콩, 호박고지, 말린 고추, 솎은 당근

순, 목화송이였다. 출점 전날 일찍부터 준비를 시작했지만, 낮에는 농사일을 보느라 겨를이 없었고 원호가 잠든 뒤 본격적으로 판매할 품목을 정리했다. 테이블 위에 미리 진열해 보고, 가격표를 적다 보니 새벽이었다. 당근 순은 상품 가치가 별로 없는 손가락 굵기에 줄기와 잎까지 그대로 달고 있는 모습이었다. 우리는 이런 상태의 당근이 연하고 맛있다는 사실을 알고 있지만, 마트에서 본 적 없는 당근 순을 사는 사람이 과연 있을지 의문이었다. 잘 말린 목화송이는 유리병에 꽂아 두기만 해도 예쁜데, 이 또한 소비자들이 알아봐 줄지 어떨지 알 수 없었다. 옥수수차와 결명자차는 미국에서의 경험을 살려 오일장에서 갓 볶은 것들로 준비했다.

만반의 준비를 마친 뒤 서울로 갔다. 마르쉐@의 공동 기획자 이보은 대표는 이 장터를 '대화가 있는 시장, 함께 성장하는 시장'이라고 했다. 그 말처럼 우리가 키운 농작물은 조금 어설퍼 보여도 손님들의 눈길을 끌었다. 같이 이야기를 나누면서 신뢰감이 생기면 자연스럽게 판매로 이어졌다. 그날 우리가 가져간 당근 순과 목화송이를 비롯한 모든 제품은 완판되었다. 말린 목화송이는 마르쉐@에 방문한 손님들이 하나씩 손에 들고 다닐 정도로 꽤 인기 품목이었고, 그만큼 꽃비원도 소비자에게 강하게 기억되었다. 11월, 12월에 참여할 때는 목화로 크리스마스 리스를 만들어 판매했다. 12월에 온 손님 중에는 매장 몇 개를 운영하는 사장님이 있었는데, 크리

스마스 시즌 인테리어 소품으로 목화 리스를 다량 주문한 덕분에 70만 원 정도에 이르는 리스를 제작해 납품하는 일도 있었다. 논산의 작은 농장에서 가꾼 목화가 그 겨울, 신사동 가로수길과 강남, 명동 등의 번화가 매장을 장식했다.

기분 좋은 에너지를 얻는 시간

농사라는 건 정말 이상한 일이다. 들인 노력에 비해 매출이 너무 적은 농산물이 있는가 하면, 먹지도 못하는 작물을 왜 심냐며 핀잔만 들던 목화가 리스로 변신해 예상 못한 수익을 내기도 한다. 꼭 농산물이 아니어도 농촌에서는 쉽게 접할 수 있는 다양한 생산물이 도시의 소비자와 전혀 다른 형태로 연결되기도 한다. 시골 어른들은 수확물이 곧 돈이라는 인식이 있는데, 도시에서는 전혀 다른 문화적 가치와 소비로 창출될 수 있는 것이다. 마르쉐@는 우리에게 그런 사실을 새삼 깨닫게 했다.

한 달에 한 번 열리는 마르쉐@에 나가면 긍정적인 에너지를 받아 올 수 있다는 점도 좋았다. 판매가 다 끝나면 다 같이 모여 뒤풀이 시간을 갖는데, 그때 음식을 나눠 먹으며 서로의 안부를 묻고 시장이 나아가야 할 방향을 논의했다. 남도와 매일 둘이서 일하다 보면 어딘가 소속되어 있다는 느낌, 연결되었다는 기분을 자주 잊게 되는데, 마르쉐@에는 비슷한 고민을 하는 다양한 사람들이 있었다. 그래서 그곳에서 만난 생산자들과 금세 친구가 되었고, 각자의 분야에서 소신 있게 자신의 길을 걸어가는 사람들을 보면서 좋은 자극을 받았다. 앞으로 더 멋있게 잘 살아야겠다는 다짐도 했다.

마르쉐@에 참여하는 생산자 농부들은 주로 도시농부이거나 몇 가지 작물만을 키우는 농부들이었기에 제철 채소를 들고 매번 참여하는 농가는 드물었다. 하지만 우리는 과실을 얻기 전까지 주로 채소를 키워야 했기 때문에, 거의 빠지지 않고 매달 마르쉐@에 출점했다. 농장에서 기르기 적합한 계절 채소의 재배 순서를 정하고, 구역을 나눠 작물 위치와 규모를 정하는 일 등을 통틀어 '작부체계를 구성한다'고 한다. 꽃비원은 초창기 마르쉐@에 출점하면서 그 체계를 잡아갔다. 기존 1년간 지은 농사 기록에 조금씩 더하거나 빼면서 소비자를 만날 준비를 해나갈 수 있었다. 꽃비원에서 매년 자라는 냉이, 달래, 쑥, 민들레를 채집해 출점한 적도 있고, 채소 모종을 가져가 판매하기도 했다.

그동안 농장을 운영하면서 우리 수확물을 누군가에게 택배로 보낸 적은 여러 번 있다. 처음에는 남도의 예전 직장 동료인 태진 누님이 밭에서 나는 것 중 아무거나 보내 달라고 요청해 품목도 양도 정해지지 않은 제철 채소를 보냈었다. 누님은 계절에 어울리는 재

묘목부터 키운 나무가 열매를 맺기까지 3년 정도의 시간이 흘렀다. 2014년, 꽃비원에서 처음 수확한 사과와 배를 가지고 소비자를 만나러 간 곳도 마르쉐@였다.

료로 식구들과 함께 먹을 밥상을 차리는 게 좋다고 했다. 이때까지만 해도 우리가 수확한 농산물이 상품이라는 느낌은 들지 않아서 돈을 받는 게 어색하게 느껴졌다.

그런데 마르쉐@를 알고부터 많은 것이 달라졌다. 우리가 시골에서 생활하며 흔히 만나는 쑥, 민들레, 냉이 같은 채소가 도시에서는 계절을 느낄 지표가 된다는 사실을 깨달았다. 무엇보다 직접 소비자를 만난다고 생각하니 우리가 농부라는 사실이 더 실감이 났다. 매달 열리는 시장을 위해 이런저런 준비를 할 수 있다는 게 이렇게 생동감을 주는 일이었다니. 그렇게 바쁜 사계절을 두 번 보내고 세 번째 봄을 맞이할 때 드디어 사과꽃과 배꽃을 보았다. 그전에는 나무가 너무 어려서 꽃도 몇 송이 피지 않았는데, 이제야 '꽃비원'이라는 이름이 어울리는 '꽃비가 흩날리는 과수 정원'의 모습을 갖춘 것이다. 묘목부터 키운 나무가 열매를 맺기까지 3년 정도의 시간이 흘렀다니 감회가 새로웠다.

그해 가을 처음 딴 사과와 배를 가지고 소비자를 만난 장소도 마르쉐@였다. 마트에서 흔히 볼 수 있는 사과나 배에 비해 열매는 작았지만, 꽃비원을 지켜본 많은 이들이 함께 기뻐해 줬던 기억이 난다. 농약을 사용하지 않고 키우느라 고생했던 날이 많지만, 그동안의 마음 졸임을 보상받기라도 한 듯 다양한 소비자 손에 들려 우리 손을 떠났다.

마르쉐@가 다양한 소비자에게 알려지면서 꽃비원을 찾는 단골도 늘어났다. 매달 제철 채소를 들고 출점했기 때문인지 1년이 지났을 무렵 손님들은 특정 작물이 언제 생산되는지 문의하기 시작했다. 당시 영농조합과 같은 공동체에서 생산한 농산물을 꾸러미로 발송하는 경우는 종종 있었지만, 한 개인의 농가가 꾸러미 사업을 운영하는 일은 거의 드물었다. 하지만 소비자들이 원한다면 논산과 서울의 거리를 좁히는 차원으로 꾸러미 식구들을 모집할 수도 있겠다는 생각이 들었다.

그렇게 처음으로 정기 꾸러미 회원 서른 가구(나중에는 소통상의 이유로 스무 가구로 줄었고 뜨거운 여름을 피해 1년에 14회 발송했다)를 모집했다. 밭에서 갓 수확한 모습 그대로, 포장을 최소화해 종이 박스에 담았다. 이른 봄에는 두릅과 오가피 순과 원추리와 냉이를, 여름 직전에는 상추와 당근과 비트를, 초여름에는 보리수와 감자와 양파·마늘을, 한여름에는 가지와 호박과 고추를 보냈다. 가을에는 배를, 겨울에는 말린 채소와 가공품을 담았다. 계절 채소와 함께 허브나 꽃을 담아 보내기도 했다. 그래서 꾸러미 식구 중 누군가는 꽃비원 상자에서 특별한 향기가 난다고 이야기한 적도 있다.

잎채소가 시들어 도착해도 미지근한 물에 담가 두면 풋풋함이 되살아난다. 채소에 흙이 묻어 있거나 벌레가 먹어 구멍이 나 있어도 꾸러미 식구들은 크게 문제 삼지 않았다. 그만큼 건강하게 키워

쥐 고맙다는 응원의 메시지를 더 많이 받았다. 꾸러미 상자에 달팽이가 딸려가면 상추를 주며 키우는 소비자도 있었고, 나무 열매를 보내면 담금술로 되돌아왔다. 어쩌면 우리보다 더 열심히 계절을 맛보고 즐겨 줬던 꽃비원 꾸러미 식구들. 그런 시절이 있었기에 꽃비원 채소가 더 빛이 났던 것 같다. 함께 연결된 느낌, 요리하는 즐거움이 가득했던 시절이다.

도시와 농촌, 그 사이의 거리감

모든 사람이 새로움을 추구하고 위험을 감수하는 경제인에 들어맞는 것은 아니며 도시에 이는 사업의 소용돌이 속에서 성공할 준비가 되어 있는 것은 아니다. 오히려 농부들은 대부분 그와 반대되는 극단에 서 있다. 그들에게 농업은 남부럽지 않게 살 수만 있다면 계속 유지하고 싶은 삶의 방식이다. 도시화는 누구에게나 행복을 안겨주는 만능 해결책과 거리가 멀지만 이 외에 발전에 이르는 다른 선택지가 없기 때문에 많은 이들이 택할 수밖에 없는 길이 되었다.

_《어떻게 먹을 것인가》 캐롤린 스틸 지음, 홍선영 옮김

시골로 내려와 생활하면서 도시와 시골의 거리를 체감하지 못했다면 거짓말일 것이다. 도시에 비해 대중교통 이용이 쉽지 않기 때문에 자기 소유의 차가 없으면 시골 생활을 시작할 때 고립감을 느낄 수 있다. 시골은 점점 인구가 감소하고 있어서 버스를 자주 운행할 수도 없고 병원도 부족하다. 주변에서 오죽하면 "나이 들면 서울이 편해"라고 할 정도였다. 그러나 매년 열리는 부여 백제 문화제 같은 지역 행사를 둘러보면 역사와 전통을 보존하려는 사람들의 노력이 느껴진다. 그런 과정으로 지역인들은 자부심을 얻기도 한다. 도시라서 좋은 점, 시골이라서 좋은 점은 분명히 있지만 삶을 대하는 방식이나 인식 차이는 아무리 애를 써도 쉽게 좁혀지지 않는다.

같은 관점으로 보자면 시골에서 '나'라는 사람의 생각은 오히려 튀어 보일 수 있다. 도시가 추구하는 삶의 방식과 내가 원하는 삶이 동떨어졌다는 이유로 그 체계를 벗어난 사람이니 말이다. 아니라는 것을 깨닫고도 그 체계 속에서 굴러가고 싶지는 않았다. 노동하고 돈을 버는 기본적인 경제 구조를 아예 버릴 수는 없더라도, 적어도 내가 원하는 속도와 방식이었으면 했다. 아이러니하게 그 부분의 해결책을 나는 '도시와의 연결'에서 찾고 있다. 앞에서 마르쉐@를 설명했던 이유도 그런 연결 중 하나였다. 도시에서 열리는 이 시장은 내가 농부라는 자긍심을 갖는 데도 큰 도움을 줬지만, 시골에 살면서도 도시와 연결되는 게 왜 중요한지를 알려 줬다.

도시와 농촌의 격차는 지금도 계속되고 있는 문제다. 우리 가족이 11년째 거주 중인 논산 연무읍도 저출산 고령화 문제가 매년 심각해지고 있다. 원호가 다니던 황화초등학교는 개교 90년 역사를 자랑하지만, 원호가 입학할 때 기준으로 전교생이 쉰 명 정도였다. 그랬던 게 2020년에는 열 명의 졸업생을 남기고 더 이상의 입학생이 없어서 결국 같은 읍 소재의 연무초등학교와 통폐합됐다. 연무읍에는 총 네 개의 초등학교가 있는데, 단순히 초등학교 한 곳이 사라진 게 뭐가 그리 대수냐고 할지도 모르겠다. 하지만 시간의 차이가 있을 뿐 몇 년 후면 순차적으로 모든 학교가 하나로 통합될 것이다.

학교 통폐합의 본질은 이런 현상이 이어지면서 경제 활동의 주축이 되어야 할 청년 세대가 사라진다는 데 있다. 그들이 도시로 떠나면서 농촌은 소멸 위기에 처하는 것이다. 이것이 세상이 이야기하는 도시·농촌의 불균형이다. 도시와 시골의 거리를 좁히기 위해 청년들은 새로운 시도를 하지만 정작 지역에서는 이를 외면하는 일도 많다. 시골에서 도시 시스템을 따라가려고 노력하기보다 각각의 장점을 연결해 함께 성장할 방법은 정말 없는 것일까?

자본주의 사회 이전의 사람들은 자신이 진짜로 살고 싶은 지역을 선택할 수 있었다고 한다. 그러니 어느 지역에서든 인구가 다양한 분포를 유지하며 살아갔다. 하지만 사람들은 이제 살고 싶은 장소보다 자신의 권리와 재산권이 보장된 도시 생활을 택한다.《어떻게 먹을 것인가》라는 책에서도 도시로의 이주를 결정한 원주민의 입장 등을 설명하면서 이들에게 도시 생활은 '어쩔 수 없는 선택'임을 설명한다. 그리고 이런 불균형이 마지막에 가져오는 가장 큰 문제는 농경지의 축소, 환경 재앙, 식량 조달 현상으로 이어질 수밖에 없다고 경고한다. 이런 과정을 봤을 때 도시와 농촌은 상호 보완 관계로 나아가는 게 가장 현명하다는 생각을 지울 수 없다.

온·오프라인으로 교류하기

우리나라에 아이폰이 출시된 해는 2009년이다. 나도 같은 해에 미국 회사에 처음 출근하며 업무용 전화로 블랙베리 기종을 받았다. 컴퓨터를 대신해 주로 그 스마트폰으로 업무를 처리했다. 그동안 제한된 사무 공간에서만 할 수 있던 작업이 언제, 어디서든 가능하다는 사실은 그저 놀랍기만 했다. 그 시기를 기점으로 인터넷은 더 발전했다. 모바일 메신저와 소셜 네트워크 서비스(SNS)를 이용하지 않는 사람들을 찾아보기 힘들 정도로 인터넷은 빠르게 대중화됐다. 꽃비원도 이 원활한 인터넷 서비스의 도움으로 도시와 연결될 수 있었던 게 아닐까 하는 생각을 종종 한다.

우리가 귀농한 2012년에 스마트폰 사용자가 3천만 명 이상이 되면서 대한민국 전체 인구 중 60퍼센트 이상이 스마트폰을 갖게 되었다는 소식을 접했었다. 본격적으로 스마트폰 시대가 열린 것이다. 꽃비원도 그 시기에 외부와 소통할 채널을 마련하기 위해 이것저것 다양한 시도를 했다. 블로그, 온라인 카페, 카카오스토리, 트위터, 페이스북 페이지 등을 운영하면서 나름 정착한 채널은 페이스북이었다. 미국에서 일할 때 한국에 있는 친구들과 연락하기 위해 시작한 소셜 활동이었지만, 마르쉐@에 참여하면서부터는 도시 친구들과 연락할 가장 좋은 수단이 되었다. 이 계정이 이후 꽃비원 페이지의 전신인 셈이다.

처음 농사를 시작했을 때는 회사에서처럼 일일 보고서를 작성했었다. 일정을 정리하고 내일 계획을 세우고 일의 진행 과정, 특이사항, 구입 품목 등을 꾸준히 기록했다. 그런데 점점 농사일이 바빠지면서 컴퓨터를 켤 시간조차 사라졌다. 이때부터 핸드폰으로 찍은 사진과 농장에서 일어난 일을 페이스북에 간단히 올리게 된 것이다. 마르쉐@에 출점하게 되면서 온라인 교류는 더 빛을 발했다. 꽃비원 수확물을 직접 경험한 손님들과 더 쉽게 일상이나 가치관을 공유할 수 있게 되었고, 꽃비원 소식을 즐겨 찾아 주는 2천 명 이상의 소비자들이 생겼다.

이후 페이스북 대신 인스타그램을 주로 활용하게 되었는데, 사진에 해시태그를 걸어 정리하면 나중에 관련 카테고리를 찾아보기

쉬웠다. 농장에서 일어나는 일은 #꽃비원, 그밖에 농촌 생활은 #꽃비원라이프, 꾸러미나 기타 행사와 관련된 내용은 #꽃비원꾸러미 #꽃비원프랜즈 #꽃비원계절마켓 등등.

이렇게 소셜 계정에 올린 소식을 보고 찾아온 반가운 소식도 있다. 남도가 평소 좋아하던 박찬일 셰프님에게 연락이 온 것이다. 귀농 초기라 판로가 불안정했던 시기에 셰프님은 어떤 농산물이라도 좋으니 꽃비원의 채소를 보내 달라고 했다. 보통 소규모 농가들은 물량이 많지 않아 지속적으로 농산물을 보내기가 어렵고, 노지에서 작물을 키우면 환경의 영향 때문에 계약재배를 체결하기도 쉽지 않다. 작물 모양이 균일하지 않으면 업장에서 재료를 손질할 때 그만큼 시간이 많이 들기 때문에, 셰프들은 식자재 회사에서 주문한 정확한 크기, 규격화된 농산물을 선호한다고 들었다. 그런데도 셰프님은 감사하게도 가격, 농작물의 규격, 공급 물량 등 생산자에게 까다로울 수도 있는 조건을 하나도 걸지 않고 꽃비원의 채소를 그대로 받아서 요리를 해 주셨다. 셰프님과 몇 년 동안 소통을 이어가는 동안, 꽃비원 농산물을 찾는 소비자는 점점 더 늘어났다. 판로가 안정되면서 꽃비원은 비로소 처음 꿈꾸던 형태로 자립할 수 있었다.

스마트폰 이용자가 크게 늘면서 도촬 문제, 해킹, 정신적 피로도, 사람들의 문해력 등 다양한 문제가 파생했지만, 생태적인 삶에 관심이 있는 사람들의 물리적인 거리가 좁혀진 점은 농촌에서 사는 이들에게 큰 장점이 아닐 수 없다. 농사 정보를 주고받을 수도 있고, 마르쉐@에 출점하는 달에는 미리 판매 품목을 공유할 수도 있다. 중간 유통 과정이 줄어들면서 잠정 소비자를 어느 정도 확보할 수 있었던 것도 참 감사한 일이다.

서울과 논산은 차로 움직이면 왕복 여섯 시간 이상이다. 하지만 그 거리가 멀게 느껴지지 않는 것은 인스타그램으로 비슷한 관심사를 가진 다른 지역의 농부, 요리사, 농사에 관심 있는 도시 생활자, 건강한 먹을거리에 관심 있는 소비자, 귀농이나 귀촌 정보를 찾는 불특정 다수와 자주 연결될 수 있기 때문이다.

이런 온라인 만남을 오프라인으로 가져가 소통을 밀도 있게 다져 가는 일도 농촌에 거주하는 혹은 농사를 짓는 사람들에게 필요한 관점이다. 온라인 만남은 쉽게 연결될 수 있는 만큼 금방 휘발된다는 한계점이 분명하기 때문이다. 온라인으로 차곡차곡 소통을 이어가도 결국 사람들은 함께 얼굴을 마주 보고 이야기를 나눠야 더 깊은 관계로 들어설 수 있다.

한 예로 2022년 가을에 참여한 '푸르르르른 마켓'을 소개할 수 있을 것 같다. 온라인으로 꽃비원을 알게 되어 키친에 방문한 적이 있는 더커먼 팀은 대구에서 지속 가능한 삶을 돕는 생활용품, 채식 메뉴 등을 파는 제로 웨이스트 숍을 운영한다. 이런 좋은 의미의 활동을 다양한 지역과 연결하고자 열린 자리가 푸르르르른 마켓이었다. 대구에서 열리는 이 행사에 초대받았을 때 시간을 내서라도 꼭 참여하려 했던 이유도 '연결'에 있었다.

온·오프라인으로 새로 관계를 맺고 확장해 가다 보면 타인이 가진 다양한 재능을 보고 배우는, 진정한 의미의 물물교환(교환의 가장 원시적인 형태로, 돈이 중심이 아닌 서로가 가진 것을 직접 나누는 일)이 일어난다. 마을 단위의 공동체가 무너지고 지방 도시 인구는 점점 소멸을 향하고 있다. 지역 내 한정적인 인적자원으로는 뜻을 모으기가 쉽지 않은 시대가 되었다. 그럴수록 파편처럼 흩어진 다양한 지역의 사람들이 소통을 이어가며 연결될 필요가 있다. 온라인을 오프라인으로 가져가는 게 그 대안이 될 수 있을 것이다.

**꽃비원 키친
시즌 1**

오기가미 나오코 감독의 영화를 좋아한다. 낯선 도시 헬싱키에서 레스토랑을 운영하며 살아가는 동양 여성을 비춘 〈카모메 식당〉을 보면서 우리의 미래를 상상한 적도 있다. 우리가 만약 어떤 일을 시작한다면 그것은 기술이 뛰어나서라기보다 관심 있는 일을 꾸준히 한 결과일 거라고 믿었다. 그런 일이 정말로 일어난다면 비슷한 마음을 가진 친구들과 오랫동안 교류하면서 각자의 자리를 지켜 갔으면 했다. 마치 영화 속 주인공처럼 말이다.

식당 주인 사치에(고바야시 사토미 분)가 그랬듯 자신의 존재를 아무도 알지 못하는 장소라 해도 그곳에서 좋아하는 일을 시작하면 그 계기로 새로운 사건, 새로운 관계를 마주하게 된다. 꽃비원이 키친을 열 때도 그 우연의 힘을 믿는 마음이 컸다. 첫 번째 꽃비원 키친은 연무읍 로터리에 있는 10평 남짓 작은 공간이었다. 마침 남도 동생들이 근처로 내려와 시골 생활을 시작한 때여서 함께 참여하는 공간으로 꾸리고 싶다는 생각이 있었다.

"어때? 겨울에만 여는 식당도 괜찮지 않아?"
"그냥 제철 농사짓다가 겨울에 식당을 여는 게 자연스러운 것 같은데…"

우리는 제철 채소를 키우기 때문에 겨울에 비교적 시간이 많은 편이다. 그래서 겨울에 주로 여는 식당을 상상하면서 무작정 키친을 열었다. 가칭 '겨울 식당'으로 정하고 낭만적인 상상을 많이 했다. 농장과 작은 시골 빌라에서 생활하던 시절이라 마음 놓고 요리할 만한 공간을 계속 꿈꿔 왔기 때문에 더 그랬던 것 같다. 그렇게 테이블 두 개 정도가 들어가는 작은 공간을 임대하고, 이른 봄인 2016년 2월 16일(그날은 우연히도 내 생일이었다)에 '꽃비원 키친'을 열었다.

인테리어는 직접 했다. 하얀 벽은 그대로 두고 싱크대와 간단한 조리대를 놨다. 그동안 여기저기서 주워 모은 옛날식 창틀을 활용해 가벽을 세우고 테이블도 뚝딱뚝딱 만들었다. 우리 가족은 바닷

가를 여행할 때마다 떠내려온 유목을 줍는 게 취미인데, 그때 모은 소재들이 인테리어 소품이 되거나 선반으로 변신했다.

이 작은 공간을 찾아와 머무는 손님에게 완성도 높은 무언가를 전해 주고 싶었다. 키친에서 사용할 그릇은 현아 누나(도윤공방 이현아)에게 부탁해 직접 주문 제작했다. 재료, 음식, 그릇, 소품 등의 요소는 별개인 것 같지만 그렇지 않다. 손님들이 식당에 머무는 시간 동안 공간에 있는 모든 물건과 요소는 서로 연결된다. 무해하게 키운 제철 채소로 정성 들여 준비한 음식을 누나가 만든 도자기에 담아내는 것, 조금 낡았어도 편안함을 주는 소품에 둘러싸여 밀접하게 관계를 맺는 것, 그것으로 손님들의 식사는 완성된다. 꽃비원 키친에서 그런 편안한 시간과 식사를 소개하고 싶었다.

메뉴를 고민할 때는 마르쉐@에서 만난 지민이(달키친 강지민 요리사)의 도움을 많이 받았다. 평소 아무리 요리를 좋아했어도 누군가에게 판 경험은 없기에 하나의 레시피가 정식 메뉴가 될 때까지 놓치는 부분, 몰랐던 부분이 많았다. 지민이가 그런 부분을 알아서 채워 줬다. 마르쉐@를 통해 꽃비원 채소를 받아 보는 꾸러미 식구가 된 것도 기쁜 일이었지만, 이렇게 전문적인 영역까지 도움을 받게 되자 관계가 삶의 자산이라는 말이 크게 와닿았다.

키친은 그저 '맛을 소개하고 싶다'는 작은 바람에서 출발했다. 그런데 오픈 준비를 마쳤을 때 우리가 하려는 많은 일이 결국 사람들의 도움으로 시작되었다는 생각이 들었다. 시골로 내려와 불모지를 개척하고 있던 우리 가족에게는 또 다른 형태의 주체적인 삶이기도 했다. 그렇게 생각하니 새로운 프로젝트를 앞두고 어떤 부분에서도 소홀해지지 말아야겠다는 다짐이 섰다. 우리가 키우는 농작물과 우리가 만들어 올리는 식사에 깃든 사람들이 너무도 많다. 지금도 이 사실을 잊지 않으려 노력한다.

키친과 워크숍

키친에서 준비할 메뉴는 그때그때 인터넷에 올렸다. 꽃비원 키친을 찾으려는 손님은 메뉴를 먼저 고르고 방문 시간을 예약해야 했다. 그래야 농장 스케줄을 조정할 수 있었다. 손님 방문 예정이 되면 시간에 맞춰 키친을 열었다. 아무도 오지 않는 날도 있었고, 의외로 여러 팀이 방문하는 날도 있었다. 농장 일은 주로 내가 맡았고, 키친 일은 남도와 막내 처제가 함께했다.

키친을 운영한 초반 2년 동안, 그 좁은 공간에서 참 많은 이들을 만났다. 평소 꽃비원 채소를 중심으로 관계 맺었던 사람들, 다른 지역에서 우리 활동을 눈여겨보던 사람들의 방문이 주로 이어졌다. 그러면서 시골에서 소소하게나마 자기만의 색을 가지고 살아가려는 친구들도 만났다. 채소를 매개로 장터에서 짧게 만나고 헤어지거나 소셜 계정에서 제한된 소통을 나누던 관계라도 우리가 준비한 공간에 직접 들어와 식사를 마치고 나설 때면 묘하게 공기가 달라졌다. 그 회차가 거듭될수록 관계는 더 깊어졌다.

포근한 식사 한 그릇을 대접하려는 우리의 목적은 유대감이 발전하면서 범주가 더 커졌다. 이 공간을 찾는 사람들의 공통 관심사가 '건강한 식문화'에 있다는 사실을 깨달았기 때문이다. 꽃비원 키친은 단순히 식사하는 공간을 뛰어넘어 같은 관심사를 가진 사람들과 교류하는 공간으로 서서히 변화를 시도했다.

가장 기억에 남는 모임은 지민이에게 부탁해 연 작은 요리 워크숍이다. 우리는 농사를 지으면서 이전보다 채소 활용 방법에 더 많은 관심을 기울이게 됐다. 가령 제철에 수확물을 얻으면 어떻게 해야 이 채소를 되도록 오래, 맛있게 먹을 수 있을지를 생각하는 것이다. 우리 농장의 채소를 좋아하는 사람들도 같은 지점을 고민하고 있을 터였다.

하우스와 같은 시설 재배가 늘어나면서 제철 채소를 느낄 기회가 많이 줄었다. 초여름 5월쯤 수확해 먹는 딸기만 해도 대부분 온도, 습도 등 환경을 맞춘 시설에서 재배하다 보니 이제는 한겨울에도 흔히 먹는 채소가 되었다. 하지만 이런 농산물을 제철 채소라고 부를 수는 없지 않을까? 우리는 자연의 조건을 그대로 받아들이면서 키운 채소를 그 계절에 맛보는 다양한 방법을 사람들에게 소개하고 싶었다. 계절 채소는 저렴한 가격에, 손쉽게 살 수 있다는 장점이 있다. 하지만 매번 같은 조리법으로 요리하면 다시 사기가 주저된다. 여러 조리법을 익히면 그만큼 폭넓게 맛을 즐길 수 있다는 얘기다. 이런 과정이 반복되면 소비자가 채소를 구매하는 기준도 달라지지 않을까? 워크숍이 끝나고 참가한 이들에게 너무 유익했다는 평을 많이 들었다. 이들은 대부분 제철 농산물에 더 관심을 기울였고, 그래서 마르쉐@ 같은 장터에서 다시 만나기도 했다.

키친은 가끔 다른 셰프의 다이닝 공간으로 변신했다. 어떤 셰프가 오더라도 우리가 생각한 접점은 제철의 맛이었다. 한 예로 계절 요리와 그에 어울리는 주류를 소개하는 공간, 을지로 차이의 차차(차현재 셰프)가 꽃비원에서 다이닝을 진행할 때는 주제를 '흙에서 식탁으로(soil to table)' 즉, '건강한 흙에서 시작되는 농작물'을 주제로 정했다. 차차는 슬로푸드를 지지하는 청년들의 모임 '슬로청춘'에서 인연이 닿은 친구다. 그래서 도시에서 셰프로 일하면서도 항상 옥상 텃밭에서 직접 채소를 키워 보려고 노력한다. 꽃비원 농장에 찾아와 농사일을 도울 때도 수확물로 늘 맛있는 요리를 만들어 주곤 했다.

그렇게 농사와 요리 활동을 꾸준히 이어가기 위해 서로 고민을 나누는 사이가 된 차차가 그날은 꽃비원 채소를 소개하고, 손님들

연무읍 로터리에 있는 10평 남짓 작은 공간에서 시작한 꽃비원의 첫 번째 키친. 그 좁은 공간에서 참 많은 이들을 만났다.

에게 맛있는 식사를 준비해 선보였다. 차차의 요리는 성준이가 도왔다. 그들은 꽃비원에서 직접 수확한 무, 대파, 고구마 등 제철 채소를 활용해 요리했다. 차이브, 오레가노, 민트 등 허브를 뿌려 구운 고구마, 양파를 닭 요리에 곁들였고 겨울 수프, 배를 이용한 디저트도 준비했다. 식사를 마치고 다 같이 농장으로 이동해 농장과 식탁의 거리에 관해 이야기했다. 농장과 식탁, 흙과 식탁의 거리가 가까운 게 사람들에게 뭐가 좋을까? '음식이 약이 된다'는 약식동원의 의미는 그저 듣기 좋은 말이 아니다. 인간의 몸은 땅과 자연스럽게 어우러질 때, 건강한 땅이 낳은 산물을 우리 몸 안으로 들였을 때 비로소 균형을 이룬다. 음식이 몸을 통과하며 소화될 때 성분 하나하나가 에너지로 사용할 가장 적합한 형태로 변화하기 때문이다. 땅과 식탁 사이에 다른 과정이 끼어들면 이 균형이 조금씩 무너지기 시작한다. 소화를 돕는 섬유질이 가공 과정 중 사라지고, 공장식 가열 조리 때문에 꼭 필요한 성분이 파괴되기도 할 것이다. 영양소만 파괴되면 그나마 다행이다.

당근을 예로 들어보자. 산업식 농업을 가장 열렬히 지지하는 사람들도 땅에서 방금 뽑아 그 자리에서 맛보는 당근이 봉투에 담아 가스를 주입하고 표백하거나 얼린 뒤 눈 돌아가게 바쁜 현대 식품 물류체계를 거쳐 수천 마일을 건너온 끝에 집 앞에 배달된 당근보다 훨씬 맛있다는 사실을 인정한다. 가공식품과 포장 식품을 먹는 사람은 생산지에서 멀리 떨어져 사는 대가를 일부 지불하는 것이다.

_《어떻게 먹을 것인가》 캐롤린 스틸 지음, 홍선영 옮김

이 이야기는 식품 산업 시스템의 문제를 보여 주는 단적인 예에 불과하다. 흙과 식탁 사이에 끼어드는 과정이 많을수록 영양소 파괴, 이물질 주입은 피할 수 없는 선택이 된다. 《어떻게 먹을 것인가》의 저자 캐롤린 스틸 교수는 이 책에 농산물에 당연히 포함되는 화학비료, 살충제 문제를 추가로 설명했다. 흙과 식탁, 그 사이를 연결하는 채소들의 이야기는 우리 삶의 자연스러운 흐름과도 같다. 그 과정에 다른 개입이 없을수록 육체는 더 건강해진다.

만남과 만남이 이어지다

키친에서 행사를 진행할 때마다 그곳에 모인 사람들과 고민을 나눌 수 있는 게 좋았다. 생각지도 못한 기회로 좋은 사람을 만나는 게 감사했고, 이후에도 다른 형태로 계속 관계를 이어갈 수 있으니

그것 또한 신기했다.

그렇게 만난 여러 지인 가운데, 키친에 식사하러 온 이후 소셜 계정에서 친구가 된 방현일 작가(일러스트레이터)가 있다. 꽃비원에서 소소하게 마켓(일명 '꽃비원 계절 마켓'이다)을 열거나 꾸러미 신청자를 모집할 때 적극 지지하거나 참여해 주고, 가끔은 농장에 일손을 보태러 왔다. 이제는 요리를 공부하는 대학생이 된 민주 씨는 고등학교 2학년 생일 때 부모님과 키친에 방문해 식사하고 간 적이 있는 손님이다. 대전에서 온 멋쟁이 병수·은혜 씨 커플도, 래인이네 가족도 모두 키친을 매개로 만났지만, 지금은 농장에서 수확한 농작물로 종종 함께 요리하고 식사 모임을 가지는 친구들이다.

물론 너무 많은 이들의 관심이 한꺼번에 쏟아져 부담스러울 때도 있다. 우리는 그저 시골에서 살면서 우리가 할 수 있는 만큼의 농사를 짓고 아이를 키우는 평범한 사람들일 뿐인데, 우리를 지켜보는 사람들의 시선은 때때로 달라진다. 각자의 눈으로 우리를 판단하고 가끔은 이유도 모른 채 등을 돌리는 사람도 만난다. 언젠가는 연락도 없이 우리 가족의 일터이자 삶의 터전에 무작정 들이닥쳤던 사람도 있다. 당시에는 지도 애플리케이션이나 소셜 계정으로 쉽게 농장 위치를 확인할 수 있었기에 일면식도 없는 사람들이 갑자기 농장에 오면 어떻게 대처해야 할지 난처하기만 했다.

고민 끝에 우리는 농장 주소와 지도를 포털에서 지우기로 했다.

방문을 원하는 분들에게는 신청서를 따로 작성하도록 했고, 가끔은 꽃비원에서 행사를 기획해 사람들을 초청하는 형태로 바꾸었다. 우리 가족은 관계를 중시하고 비슷한 사람들과 교류하기를 즐기는 편이지만, 그래도 공인이 아닌 이상 최소한 누가 어떤 목적으로 무슨 이야기를 나누고 싶어 하는지 정도는 알아야 하지 않겠는가.

우여곡절이 많았어도 돌아보면 처음 꾸렸던 그 작은 식당 덕분에 많은 온정을 받았다. "집 앞에 어떤 가게가 생길까 궁금해하다가 찾아왔는데, 너무 좋았어요" "연남동 골목에서나 볼 것 같은 식당이 연무대에 있네요" "서울에서 늘 관심 있게 지켜보다가 논산에 올 일이 있어 들렸어요" "근처로 귀촌하게 되면서 와 봤어요" 등등… 친구나 가족 손을 붙들고 와 줬던 손님들 얼굴이 여전히 어렴풋이 떠오른다.

꽃비원 키친을 처음 열 때 나와 남도는 오랜 로망이기도 한 '카모메 식당'을 떠올렸는지도 모른다. 영화 속 한 장면처럼, 식당을 가득 메운 손님들을 둘러보면서 경쾌한 미소를 짓고 싶었다. 그리고 내가 만만하게 생각하고 자주 갔던 단골 카페처럼 사람들도 꽃비원 키친을 익숙하게 느끼고 애정하면서 자주, 편히 이용했으면 좋겠다는 꿈을 꿨다.

지금 생각해 보면 10평 남짓한 그 공간은 제한이 많았다. 우리가 키우는 작물들을 이용하려다 보니 채식 메뉴가 대부분이었고,

농장 일과 병행해야 했으니 예약제 식당으로만 운영되었다. 그러니 예약 필수임을 모르는 손님은 왔다가 허탕을 치고 돌아갔고, 문득 떠올라도 갑자기 찾아올 수 없는 공간이었다. 그런데도 꼼꼼하게 예약하고 재차 확인하며 들렀다 간 손님들이 많다는 사실이 고맙다. 손님들 얼굴이 오래 기억에 남을 수밖에 없는 이유이기도 하다. 첫 번째 공간은 계약 기간 2년을 거의 다 채웠을 무렵 문을 닫았다. 정산해 보니 그럴싸한 수익을 남긴 일은 아니었다. 하지만 다양한 경험과 좋은 인연은 여전히 우리 곁에 있다.

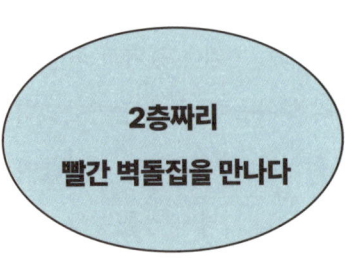

2층짜리 빨간 벽돌집을 만나다

 농사짓는 사람들 대부분이 농장 옆에 집을 두거나 농막을 설치하곤 한다. 이는 작물을 돌봐야 하는 시간이 따로 정해진 게 아니라서 그렇다. 식물은 미묘한 변화로도 자라는 데 문제를 겪는다. "농작물은 주인의 발자국 소리를 듣고 자란다"는 말이 있는 것처럼, 농부의 작은 관심과 오랜 집중이 결국 수확물이 자라기에 적합한 환경으로 태어난다. 마치 아이를 키우는 일처럼 말이다.
 예를 들어 감자는 본격적인 장마가 시작하기 전에 수확해야 썩지 않는다. 콩은 비가 오기 전날 심으면 따로 물을 주는 수고를 덜 수 있다. 어느 여름, 남도가 뙤약볕을 피하려 하얀 셔츠를 입고 콩을 심고 있었다. '오늘 이 콩만 다 심으면 내일 시원하게 비를 맞겠구나. 그럼 우리도 푹 쉴 수 있겠지?' 그렇게 힘듦을 잊고 일에 속도를 내고 있을 때 갑자기 비가 내리기 시작했다. 비가 거세지면 땅이 질어진다. 그러면 물이 빠질 때까지 모종 심기를 미룰 수밖에 없어서 비를 맞으며 계속 콩을 심었다. 결국 남도의 셔츠는 흙이 튀고 비에 젖어 갈색이 되고 말았다. 그런 상황에서 모종을 심고 있으면 처량하기가 이루 말할 수 없지만 그렇다고 멈출 수도 없다. 그날 남도는 서러움에 눈물을 삼키며 일했다.

어둑한 새벽에 밭에 나가는 일도 늘 유쾌하지만은 않다. 괜히 섬뜩할 때도 있고 몸을 일으키기가 도무지 귀찮은 날도 있다. 하지만 장마가 끝나고 여름이 시작되는 7, 8월에는 제때 풀을 관리하지 않으면 금세 키가 자라서 작물을 덮어 버린다. 습도가 높아지고 통풍이 되지 않으면 작물은 풀 속에서 잘 자라지 못하고 녹아내리는 더 무서운 상황이 벌어진다. 그러니 번쩍 눈을 뜨고 나갈 채비를 할 수밖에. 그 시간이 보통 새벽 4시 반쯤이다. 그나마 더위와 모기를 피할 수 있는 시간이다. 이른 새벽부터 들깨밭의 풀을 정리하고 집에 들어가면 대충 씻고 밥부터 챙겨 먹는다. 그리고 다시 밭으로 나와 점심시간이 될 때까지 일한다. 점심 먹고 조금 쉬었다가 한낮 더위가 수그러들면 이번에는 모기가 기다리는 밭으로 간다. 여름 모기는 웬만하면 피하고 싶은 존재라서 낮일만 한다고 해도 농사일,

집안일, 아이 돌봄까지 돌아가다 보면 농사가 참 고되다는 생각이 절로 든다.

직장에 다닐 때는 일하는 시간과 쉬는 시간이 명확히 구분되는 점이 소소한 즐거움이었다. 퇴근하면 좋아하는 식당에 가서 밥을 사 먹는 재미도 있었고, 야근을 하더라도 수당이 붙으니 나름 보상받는 기분도 들었다. 그런데 농사는 일도 일이지만, 밥할 시간이나 체력이 부족해 대충 때우는 날도 있다. '농사가 이렇게 힘든 일이었나.' 차라리 농부가 되겠다고 꿈꾸던 시절이 더 행복하지 않았나 싶어 후회했던 순간도 있다.

2년 동안 키친을 운영하면서 농장 일을 병행했던 그 시간은 우리 가족의 일하는 시간, 노동 강도를 다시 되돌아보는 계기가 됐다. 그렇지 않았더라면 여전히 주체적이지 못하고 주변을 의식하는, 시골에 내려온 원래 의미를 잊고 살아가는 농부가 될 뻔했다. 막상 키친을 운영해 보니 나와 남도에게 '공간'이 주는 의미가 꽤 크다는 사실도 깨달았다. 꽃비원 수확물의 원활한 소비를 위해서도 소비자와 소통할 공간이 있는 편이 여러모로 유익했다. 특히 우리처럼 농장과 집이 따로 있는 농가는 손님과 직접 소통하는 '얼굴 있는 농부'가 되고 싶어도 마르쉐@처럼 소비자와 연결될 특정 장소가 없다면 유대 관계를 지속하기가 힘들다. 2년 임대 기간이 막바지에 이르렀을 때 고민이 많았던 것도 공간이 사라지는 아쉬움이 유난히 크게 느꺼졌기 때문이다. 그때 마침 연무읍에 작은 마당이 있는 2층짜리 빨간 벽돌집이 매물로 등록되어 있다는 사실이 떠올랐다.

사실 그 빨간 벽돌집은 한참 전부터 동네에 매물로 나온 상태였다. 처음부터 우리가 관심을 두고 둘러본 공간은 아니고, 지인의 부탁으로 논산 연무읍에 나온 매물을 찾다가 발견했다. 논산 KT&G 상상마당 박현석 지점장은 회사를 그만두면 한적한 마을에서 작은 식당을 열고 싶다고 했다. 오랜 기간 문화, 예술 관련 일에 종사한 그는 귀농·귀촌, 지역 활동에 관심이 많은 편이었다. 그의 부탁을 받고 부동산 사장님께 처음 소개받은 곳이 그 빨간 벽돌집이었다.

마당과 2층짜리 주택, 두부 공장으로 이용하던 창고형 건물을 갖춘 넓은 집에 처음 갔을 때 인상이 썩 좋지는 않았다. 집은 주인과 세입자의 분쟁으로 관리가 전혀 안 되어 지저분했고, 그렇기에 이웃들도 그 집을 보는 시선이 그리 곱지 않았다. 하지만 다르게 보면 집과 작업실을 같이 운영할 수 있는 넓은 공간, 나무를 심고 가꾸기에 적당한 규모의 마당을 갖춘 독채여서 꽤 매력적이었다. 지인은 본인이 그리던 집에 비해 너무 규모가 크다며 계약하지 않았지만, 남도와 나는 읍내에 나올 일이 있으면 종종 그 집 앞을 지나며 집이 잘 있는지 구경했다. 시간이 흘러 꽃비원 키친 공간을 비워야 할 시기가 되었을 때, 빨간 벽돌집도 여전히 주인을 못 만나 빈 상태였다.

"빨간 벽돌집 우리가 해볼까?"

갑자기 꺼낸 한마디에 남도는 무척 당황했다. 농장을 시작하고 작은 식당을 열게 된 것까지는 좋았지만, 막상 키친을 운영한 2년이라는 시간을 되돌아보면 솔직히 지속할 수 있을지 확신이 서지 않았다. 더군다나 빨간 벽돌집을 시작하려면 대출을 더 받아야 하는 상황이었기에 가볍게 결정할 수는 없었다.

꽃비원 홈앤키친 시즌 2를 시작합니다

꽃비원 농장을 처음 시작했던 것만큼이나 고민이 많았다. 만약 농장 옆에 집이 있었다면, 하다못해 화장실과 쉴 만한 작은 공간만 있었어도 새로운 공간을 그토록 원하지는 않았을 것 같다. 좋아하는 사람들과 좋은 음식을 먹으며 이야기하는 것을 즐기고, 그 시간을 통해 삶의 에너지를 얻는 우리 같은 사람들에게 공간이 없다는 사실은 그만큼 아쉬운 일이었다.

결국 우리는 조금 무모해 보이더라도 다시 도전해 보기로 했다. 대출을 더 받아서 그해 9월에 매물을 사고 전 주인과 실제 거주하던 사람의 분쟁 문제가 해결되기까지 한 달 정도를 기다렸다. 그런 뒤 본격적인 리모델링을 시작했다. 가장 큰 문제는 거주하던 이가 남겨 놓은 케케묵은 짐과 쓰레기였다. 직접 처리할 엄두가 나지 않아 업체를 불렀더니 철거에만 거의 200만 원가량이 소요됐다.

우리는 곧 다가오는 겨울 동안 공간을 어떻게 꾸밀지 고민하고 이듬해 2월부터 공사를 시작하기로 했다. 근처에 낡은 공간을 리모델링한 카페가 생기면 찾아가 보기도 하고 늦은 시간까지 핀터레스트 사이트를 둘러보며 이미지를 수집했다. 도시에서 보았던 멋진 인테리어를 시골에서 구현하고 싶어도 도움을 줄 만한 작업자와 연결되기가 쉽지 않았다. 그래서 최소한의 비용으로 기본 설비만 작업자에게 부탁하고 나머지는 직접 진행하기로 했다.

70년대에 지어진 건물은 웃풍이 센 편이었다. 그래서 겨울철 난방을 고려해 이층집 외부 창문은 모두 새로 달았다. 창문만 바꿨는데 돈 천만 원이 우습게 사라졌다. 보일러 선이 오래되어 주택 일이 층 바닥을 다 들어내 새로 깔고, 옥상 방수 공사도 했다. 알음알음, 물어물어 부분적으로 전문가의 손길을 빌려 수리한 뒤 나머지는 셀프로 진행했다. 거주할 공간의 방문을 모두 떼어 내 사포로 문지른 뒤 원하는 색깔의 페인트로 곱게 칠했다. 위층으로 올라가는 계단도 같은 색으로 칠했다. 문고리를 교체해 문을 새로 달자 제법 분위기가 났다. 전등은 취향에 맞는 것을 인터넷으로 주문해 달았다.

식당으로 운영할 공장 건물도 비슷한 과정으로 진행됐다. 전문가의 설비가 필요한 부분(바닥 공사, 천정 공사, 조적 공사 등)은 비용을 들여 고치고 식당 공간의 내벽과 외벽, 바닥에 칠을 하거나 에폭시를 바르는 작업은 직접 했다. 냉장고, 싱크대, 후드 등의 기물이 들어왔고, 지인에게서 받은 책장과 예전에 사용하던 작업대, 오래된 창틀 등을 리폼해 가벽 겸 그릇장을 완성했다. 홀과 주방 공간이 분리되자 정말 식당 같았다. 인테리어가 어느 정도 마무리될 무렵에 건물 용도 변경을 신청했는데, 그때 건물 일부가 무허가로 증축되었음을 알았다. 철거를 해야 했기에 예상치 못한 비용이 또 추가로 발생했다. 모든 일이 마무리되었을 때 우리가 쓴 예산은 애초 생각했던 비용의 두 배 이상이었다.

땅을 살 때 들어간 돈은 살면서 쓴 금액 중 최대치였다. 그때도 마음이 조마조마했는데, 집을 사고 고치면서 더 큰 빚을 지게 되었다. 마음은 무거웠지만, 이런 경험을 또 언제 하겠나 싶어 멈추지는 않았다. 봄이 오면 시작하려던 식당은 리모델링을 거듭하면서 오픈 날짜가 계속 밀렸다. 그렇게 2018년 6월 22일, 드디어 '꽃비원 홈앤키친'의 새로운 사업자등록증이 나왔다.

배우고 적응하고 바꿔보는 시간

빨간 벽돌집은 시간이 흐르면서 우리 부부가 상상하던 그 빛깔을 내기 시작했다. '연무합동두부'라는 이름의 옛 두부 공장은 식당으로 탈바꿈했고, 이층집은 꽃비원 농장에 방문하는 손님들과 여행객들이 머무는 공간이자 우리 가족의 집이 되었다. 하지만 키친이 10평 남짓 공간에서 30평 규모의 식당이 되자 그만큼 버거움도 커졌다. 어떤 날은 손님이 없었고, 어떤 날은 녹초가 될 정도로 많았다. 처음 운영했던 예약제 식당과는 다르게 상시 오픈(월~토요일 운영)으로 운영하면서 피로는 점점 쌓여 갔다. 재료는 미리 준비하는데 그날그날 오는 손님을 예측하기 어려우니 어느 날은 재료가 남고 어느 날은 체력이 바닥났다. 주로 남도와 경희(아내의 막냇동생)는 주방일을, 나는 홀에서 손님을 맞이했다.

손님이 메뉴를 주문하면 테이블에 물과 식기를 준비해 주고 주방에서 음식이 나오면 가져다줬다. 식사를 마친 손님이 자리를 떠나면 테이블을 정리한 뒤 다 같이 설거지했다. 상시 오픈하는 식당을 처음 운영하다 보니 일을 체계적으로 할 매뉴얼도 따로 없었고 주문과 동시에 빨리 움직이는 게 최선이었다. 그럴수록 남도는 숙달되지 않은 몸을 더 분주하게 움직여야 했다. 요리하는 일을 즐거워하던 남도가 점점 지쳐 갔다.

꽃비원을 미리부터 알고 우리가 준비한 음식의 가치를 높이 쳐주는 손님들도 있었지만 다 그런 것은 아니었다. 어떤 손님들은 새로운 공간에 호기심을 느껴 찾았다가 고기 메뉴가 없다며 아쉬워했다. 채식 식당은 아니었지만, 우리가 키운 농산물을 활용할 요리를

고민하다 보면 자연스럽게 채소 비중이 높은 메뉴가 나왔다. 그렇다고 손님들 반응을 모른척하기는 어려웠다. '돈을 벌려면 소비자들이 좋아할 메뉴를 짜야 하려나?' 이런 고민을 하다가 문득 키친을 운영하는 일도 농사와 별반 다르지 않다는 생각이 들었다. 산업형 농업 방식을 택할지 전통농업 방식을 택할지의 갈림길에 선 느낌이었다.

우왕좌왕 고민만 하다가 2018년이 지나갔다. 두 번째 공간을 오픈하고 6개월 동안 우리는 너무 많은 일을 처리하느라 이미 지친 상태였다. 농장을 중심으로 다양한 활동을 벌이고 싶었고, 무엇보다 지속 가능한 농가가 되길 바랐던 것인데 손님이 가고 나면 솔직히 밥 차려 먹을 힘도 부족했다. 다음을 위해서라도 잠시 멈추고 생각할 시간이 필요했다.

6개월간의 키친 운영을 떠올릴 때 모든 게 아쉽고 힘이 빠지기만 했던 것은 아니다. 우선 상시 운영 공간으로 바뀌면서 소셜 계정으로 꽃비원을 지켜보던 손님들이 이전보다 쉽게 다녀갈 수 있었다. 일산에서 고속버스 세 시간 이상 거리를 선뜻 투자해 들른 손님도 있고, 휴가차 남쪽으로 여행을 가던 손님도 잠시 들러 밥을 먹고 갔다. 숙박 손님으로 왔다가 농장 일까지 도와주고 간 손님도 있었고, 농장 견학을 온 손님이 키친에서 머물다 돌아가기도 했다. 그동안 짧고 아쉽게 만나던 지인들과는 더 긴 시간을 보낼 수 있었다. 그런 만남이 허락될 때는 꽃비원은 이대로 무르익을 일만 남았다고 생각했다. 그렇다면 도대체 무엇이 문제였을까?

우리 가족은 여전히 우리가 지을 수 있는 규모 내에서 땅을 일궈 자급자족한다. 추가로 생산된 농작물은 농부시장에 가져가 판매하거나 꾸러미 제품으로 소개하고, 키친에서 재료로 활용한다. 작물마다 적절한 면적과 그에 따른 생산량이 있어서 이를 매년 늘리거나 줄이면서 다양한 품종을 수확한다. 이런 과정이 결국 농사일을 적정 규모로 운영하도록 도와준다. 이렇게 신경 쓰면서 농사짓는 이유는 무리하고 싶지 않기 때문이다. 2018년 키친과 농장 운영으로 번아웃 아닌 번아웃이 찾아왔을 때 우리가 문제로 삼은 부분이 바로 이 지점이었다.

꽃비원을 통해 맺은 관계가 돈독해지는 과정은 흐뭇하지만, 노동 강도에 대한 재고는 필요했다. 무리하는 삶을 살다 보면 만족스러웠던 부분까지 퇴색될 수 있다. 무리하는 순간 자급자족, 지속 가능성이 멀어지는 것이다. 농사로 예를 들면 고추를 200주 이상 심으면 수확할 때 작업이 고될 수 있다. 고추는 봄에 심어서 한여름부터 수확을 시작하는데, 지나치게 많이 심으면 늦가을 서리가 내리기 직전까지 수확에만 매달려야 한다. 200주 이내로만 심으면 마켓이나 꾸러미로 팔 분량, 키친에서 활용할 분량이 넉넉히 나온다. 상추도 마찬가지다. 작은 규모의 텃밭에 심는다 생각하는 분량이 딱

알맞다. 월동 온도(식물이 얼지 않고 추위를 견딜 수 있는 적정 온도―편집자)에 맞게 농장 귀퉁이에 심은 허브류는 심고 크게 신경 쓰지 않는다. 그러면 적당한 시기에 요리에 활용할 수 있다.

빨간 벽돌집은 시간이 흐르면서 우리가 상상하던 빛깔을 내기 시작했다. '연무합동두부'라는 이름의 옛 두부 공장은 식당으로, 이층집은 꽃비원에 방문하는 이들이 머무는 공간이 되었다.

채소가 중심인 로컬 공간을 찾아서

한 해 농사가 점점 마무리되는 시점에 우리는 잠시 멈추고 앞으로의 방향을 생각하기로 했다. 우리가 종종 얘기하는 단어 중에 '노(No) 무리'가 있다. 아무리 좋아하는 일이라도 적당히, 절대 무리하지는 말자는 것이다. 그럼 농사와 요리를 병행하려면 우리가 할 수 있는 적정 규모는 어디까지일까?

우리와 비슷한 생각을 가진, 먼저 시작한 구체적인 모델이 있다면 직접 확인하고 싶었다. 때마침 지인이 일본 여행을 계획하고 있다는 얘기를 듣고 동행을 결정했다. 꽃비원과 비슷한 형태라는 얘기를 여러 번 들었던 브라운 필드(Browns field, 식문화를 중심으로 시작된 복합 농장으로 레스토랑과 숙박, 다양한 워크숍 현장으로 활용되는 로컬 공간—편집자)와 아오야마 파머스 마켓(농산물 직판매장)을 둘러보기 위해서였다.

일본에서 운전도 할 수 있는 다미 씨 덕에 여행은 순조로웠다. 우리는 차를 렌트해 도쿄에서 두 시간가량 떨어진 치바현 이즈미시로 달려갔다. 그곳에서 만나기로 한 친구는 수카라에서 3년 정도 일한 마미였다. 브라운 필드는 쉽게 말하면 복합 농장이다. 단순히 농작물을 재배해 도시로 공급하는 형태가 아니라 생산과 가공, 유통 전 과정을 소비자에게 직접 제공하는 새로운 개념의 공간이다. 가든 디자이너 오경아 작가가 쓴 책 《시골의 발견》에도 이렇게 새로운 시도를 거듭하는 유럽의 시골 농장이 여러 군데 소개되어 있다. 오경아 작가의 말에 따르면 이런 새로운 개념의 농장 덕분에 유럽은 쇼핑의 개념도 달라지고 있다고 한다. 도시의 초현대적인 쇼핑몰이 아니어도 시골 농장에서 막 생산한 양질의 먹을거리, 질 좋은 음식을 제공하는 레스토랑, 도시인을 위한 숙소, 기타 문화 혜택을 충분히 누릴 수 있는 것이다. 그리고 이런 말도 덧붙인다. "이런 복합적인 시설과 판매 방식이 자연적이고 소박하지만 결코 누추하거나 초라하지 않다. 오히려 반대로 진정한 고급스러움을 잘 보여 주고 있다."

우리 가족이 꿈꾸는 농장과 공간의 모습도 비슷했다. 땅에서 얻은 채소로 맛있고 건강한 요리를 만들어 손님들에게 제공한다. 그들이 단순히 식사 한 끼를 해결하고 돌아가는 게 아니라 시골의 정취와 의미, 가치를 생각하고 장점을 오롯이 누린다. 그렇게 도시와 시골은 이어진다. 브라운 필드 농장 앞에 도착했을 때 과하게 꾸미지 않은 자연스러운 멋에 놀랐던 기억이 난다. 농장 입구로 들어서자 공동체 생활을 이어가는 이들이 머무는 집이 보였다. 나무 위에 올린 귀여운 오두막을 보자 땅에서 높게 지어 벌레나 곤충들 피해가 덜하겠다는 생각이 번뜩 들었다. 집이나 생태 화장실 같은 시설은 공동체 생활에 참여 중인 멤버들이 직접 지었다고 한다. 농장 가운데에 있는 넓은 구옥은 카페와 배움의 장소로 활용되는 식당이었다. 최신 시설은 아니어도 마음을 편안하게 해 주었다. 이곳에서는 지역 농산물, 브라운 필드가 개발한 가공품도 같이 판매하고 있다. 식당은 예약제로 운영하며, 메뉴는 계절 재료에 따라 조금씩 바뀌는 원 플레이트 구성이었다. 재료가 어디에서 왔는지도 친절히 표기되어 있어 안심이었다.

브라운 필드는 요리 연구가 나카지마 데코(마크로비오틱 전문가) 씨가 사진작가이자 남편인 에버렛 브라운 씨와 함께 1999년에 문을 연 공간이다. 지금은 카페, 숙박, 워크숍 및 전시 등 다양한 목적으로 공간을 활용하고 있지만, 처음 열었을 때만 해도 그런 복합적인 농장을 생각하지는 않았다. 이즈미시로 귀농을 결정한 가장 큰 이유는 도쿄에서 자녀 다섯(2남 3녀)을 키우는 일에 불편을 느꼈기 때문이다. 그렇게 가족과 함께 시골 생활을 이어가던 중 2008년 또 다른 계기가 찾아왔다. 숙식을 제공받는 대가로 유기농 농장에서 자발적으로 일할 수 있는 프로젝트, 우프(WWOOF, 1971년 런던에서 설립된 NGO 단체로, 유기농 농장을 운영하는 호스트와 농장 일에 참여하고자 하는 우퍼WWOOFer를 연결해 준다—편집자)를 통해 우퍼가 찾아오면서 함께 카페를 시작해 본 것이다. 멀리서 브라운 필드를 찾은 사람들은 여러 차례 숙박 시설이 없는지를 물었고, 사용하지 않던 창고와 근처 민가를 사서 고쳤더니 숙박 공간이 탄생했다. 자연과 시간 속에서 모든 일이 자연스럽게, 아주 천천히 이뤄졌다.

    브라운 필드의 공식적인 대표는 여전히 나카지마 데코 씨이지만, 이 공간은 여러 사람의 협력으로 유지되고 있다. 농장으로 모여든 젊은 청년들은 이곳에서 생활하며 일정 급여를 받는 스태프로 일한다. 농사 활동으로 얻은 산물로 카페 겸 레스토랑을 운영하고, 제철 전통 요리 워크숍을 자주 연다. 브라운 필드를 둘러보고 우리를 위해 지은 맛있는 밥을 먹으면서 꽃비원이 상상했던 소소한 복합 농장의 모습이 어쩌면 이런 게 아닐까 생각했다. 마음 맞는 사람들과 농장을 공유하고 경험을 나누는 곳, 함께 성장하는 곳. 그 방향을 확인하고 다음 날 복잡한 도시, 도쿄로 향했다.

도시로 옮겨 온 작은 시골

　도쿄에서는 아오야마 파머스 마켓에 들러 안나를 만났다. 안나는 언젠가 꽃비원에서 2박3일 정도 함께 지낸 적이 있는 덴마크 국적의 친구다. 슬로푸드 모임에서 그녀를 알게 된 차차가 우리를 서로 연결해 줬다. 안나와 만나기 1년 전쯤, 마르쉐@ 포럼에서 만난 유스케 씨는 아오야마 파머스 마켓의 기획자로 활동하고 있었는데, 마침 안나가 아오야마 파머스 마켓에서 운영하는 요리 워크숍을 진행하고 있었다. 그래서 일본에 가면 유스케 씨와 안나를 같이 만나기로 했다. 생각지도 못했던 우연과 접점이 그저 신기했던 기억이 난다.

　아오야마 파머스 마켓은 마르쉐@처럼 요리사나 장인, 농부가 소비자와 직접 만날 수 있는 도시 속 직거래 시장이다. 출점하는 농부는 직접 수확한 농산물이나 2차 가공품 등을 판매할 수 있다. 미국에서 살면서 파머스 마켓을 이용할 때도 느낀 거지만 시장에 가면 좋은 재료를 구하는 일만큼이나 사람을 만나는 즐거움이 있다. 이곳에서도 지역에서 농사짓는 다양한 사람들을 만날 수 있어서 좋았다. 우리가 방문한 11월 30일, 한국을 생각하면 기온이 훅 낮아져 벌써 월동 준비에 들어갈 시기였는데 도쿄는 아직 포근했다. 그래서 싱싱한 당근과 무, 잎채소, 사과, 포도 등 다양한 신선 채소가 보였고, 와사비 뿌리, 레몬그라스 뿌리, 후추 열매도 눈에 들어왔다. 일본 사람들이 즐겨 먹는 식재료가 무엇인지 저절로 그려졌다. 우리나라에서 재배가 어려워 보기 드문 재료도 곳곳에 있었다.

유스케 씨와 안나는 우리를 데리고 시장을 둘러보면서 이곳에 참여한 농가와 지역 농산물의 종류, 주로 어떤 가공품을 만들고 어떻게 음식이 발달했는지 등 지역 식문화 전반을 설명해 줬다. 그리고 근처에 있는 치비 도쿄(CIBI Tokyo)라는 곳으로 이동해 점심을 먹었다. 치비는 이탈리아어로 음식의 복수형을 의미한다. 이곳은 아오야마 파머스 마켓에서 구입한 재료로 요리하는 식당이면서 파머스 마켓에서처럼 농산물 2차 가공품도 판매한다. 구운 버섯과 가쓰오부시를 올린 오픈 샌드위치가 정말 맛있었다. 마켓에서 산 사과로 만든 디저트도 마찬가지였다. 자기네 나라에서 수확한 지역 농산물을 서양 요리에 활용하는 그 시도도 멋있게 느껴졌다.

아오야마 파머스 마켓은 이렇게 평소에는 지역 식당과 협업한 상설 매장을 운영하면서 주기적으로 일본 국제연맹대학본부 앞에서 시장을 연다. 다양한 협력 관계를 구축하면서 지역 생산자가 도시 소비자와 연결될 기회를 늘리는 것이다. 농부의 생산 활동을 적극적으로 지지하는 듯한 느낌이 매우 인상 깊은 도시 속 시골의 모습이었다.

일본에서의 짧지만 굵은 여정을 마치고 돌아오면서 농촌과 도시는 어떻게 연결되어야 하는지 생각이 많아졌다. 한편으로는 머릿속에서 둥둥 떠다니던 꽃비원 시즌 2의 모습을 차차 정리할 수 있었고, 나름의 기준을 다시 세웠다. 마음가짐에 따라 상황은 달리 보일 수 있다. 모든 일이 시작부터 거창하거나 완벽할 필요는 없다는 사실을 깨달으며 먼저 조바심을 내려놓았다. 꽃비원은 우선 영화 〈안경〉에 등장하는 사람들처럼 흘러가는 시간에 모든 것을 맡기기로 했다.

'반농반X'라는 삶의 방식

반농반X란 지속 가능한 농업이 있는 소규모 생활을 유지하면서 타고난 재주(개성과 능력, 특기)를 사회에 나누고 천직(X)을 수행하는 삶의 방식, 생활 방식을 말한다.

_《반농반X로 살아가는 법》 시오미 나오키 지음, 노경아 옮김

《반농반X로 살아가는 법》을 쓴 일본의 생태 운동가 시오미 나오키 씨는 지방으로 이주하는 젊은이들에게 절반은 농사를 짓고 절반은 하고 싶은 일 혹은 할 수 있는 다른 일을 병행하는 삶의 방식을

제안한다. 그것이 이 책에서 말하는 반농반X이다. 이 책을 읽었을 때 우리처럼 생각하는 사람들이 또 있구나, 우리가 자급자족과 지속 가능한 삶을 바라는 게 틀리지 않았구나 생각했다. 2018년도 꽃비원 키친의 운영을 되돌아봤다. 매일 아침 농장에서 채소를 수확해 키친으로 가져오고 월요일에서 토요일까지 상시로 점심을 파는 가게, 저녁은 예약제로 운영한다 해도 밭일과 병행하기에는 업무 강도가 센 편이었다. 우리가 이미 반은 농사를 짓고 반은 공간을 운영하는 삶을 택했다면 체력적으로 지치지 않을 적정한 기준이 필요했다.

계절 수확물을 중심으로 메뉴를 조금씩 변경하며 채소 메뉴 중심으로 식당을 운영하는 시도는 나쁘지 않다고 생각한다. 우리가 생각하는 농부는 작물을 건강하게 키워 파는 것도 물론 중요하지만, 소비자의 선택을 올바른 방향으로 안내할 수 있어야 했다. 조금 거창하게 들릴 수는 있지만 요리사나 소비자에게 정확한 정보를 전달하고, 이들에게 잊히고 있는 식재료를 소개해 질 좋은 먹을거리를 고를 수 있도록 안내하는 역할, 그것이 농부의 또 다른 책임이라고 생각했다.

구운채소 커리, 흑임자크림 파스타, 취나물오일 파스타, 여름채소 파스타 등 계절별 농장 재료를 활용할 메뉴는 당분간 꾸준히 가져가기로 했다. 아침에 채소를 수확해 키친으로 가져와 요리하는 일은 계속했지만, 키친을 여는 날은 서서히 조정해 지금은 목, 금, 토요일에만 연다. 대신 채소의 맛, 지역의 맛을 소개할 워크숍을 종종 기획하고, 키친 한쪽에 농산물이나 2차 가공품, 공예품 등을 비치해 판매한다. 키친 수익에만 집중해 원래 생각하던 공간의 가치(메뉴, 운영 방침 등)를 저버린다면 농업 생산량에 매여 삶의 중요한 부분을 놓치는 것과 다를 바 없다.

그즈음 채종(매년 좋은 씨앗을 골라서 따는 것— 편집자)에 관심을 기울이기 시작했다. 처음에는 종자회사에서 추천하는 신품종에 관심을 가졌는데, '어떤 작물을 키워야 농부로서 더 의미 있을까?'를 고민하다 보니 자연스럽게 씨앗부터 키울 수 있는 작물과 토종 작물에 눈이 갔다. 이제는 종자회사에서 구입하던 찰옥수수 대신 토종 메옥수수로 옥수수차를 만들고 씨앗을 거둔다. 고춧가루를 자급하고 싶어졌을 때는 다양한 맛이 있는 토종 음성 재래고추를 선택했다. 고추를 심고 수확한 다음 말리면 그것으로 고춧가루를 만들 수 있다. 루콜라, 바질 등의 서양 채소는 여전히 수확한다. 꽃대가 올라오고 씨앗이 맺히면 채종해 이듬해에 다시 심는다.

꽃비원의 채소는 요리하기 어렵거나 특별한 사람만 소비할 수 있는 작물이 아니라 평범하고 기본적인 작물이다. 계절마다 키친에서 이 재료로 만든 요리를 선보이듯이 소비자나 다른 셰프들도 우리 작물로 다양한 맛을 이야기할 수 있으면 좋겠다고, 여전히 그런 생각을 한다. 결국 '내가 키운 농작물을 누가 먹을까?'에서 시작한 고민이 '내가 키운 작물이 사회에 어떤 영향을 미칠까?'로 이어진 것이다. 서양 채소를 재배하는 농장은 사실 꽃비원이 아니어도 어디에나 있다. 하지만 우리가 먹는 흔한 채소(토종 작물)는 언제나 소멸 위기에 놓여 있다. 토종 작물을 재배하는 땅이 사라져 수입 농산물만 남았을 때 우리는 그 맛도 함께 잃게 된다. 다양한 채소 경험이 필요한 이유가 여기에 있다.

    꽃비원 키친의 운영 방침은 우리의 중심을 찾는 게 먼저였던 것 같기도 하다. 마음을 정비하고 나니 다시 지인들이 부담 없이 방문했고, 진지하게 교류할 공간으로 활용됐다. 제철 채소와 친해지려는 시도가 이곳에서 열렸고, 다양한 지역에서 관심사가 비슷한 사람들이 찾아왔다. 특히 도시에 있지만 가끔 어디론가 훌쩍 떠나고 싶은 친구들에게 고향 같은 공간을 내줄 수 있어 기뻤다. 지금도 이곳에 오려고 오랫동안 마음먹고 있다가 방문한 손님들을 마주할 때면 평범한 날이 특별하게 느껴진다. 각자 꽃비원에 관심을 둔 계기는 다르지만, 묘하게 공통점을 발견하면 처음 만난 사이이지만 마치 오랫동안 알고 지낸 사이처럼 반갑다. '만날 사람은 언젠가 만나게 된다'는 격언이 절실히 와닿으며 친밀감이 상승하는 것이다. 사실 꽃비원은 아직도 과정 중에 있다고 생각한다. 그래도 우리 부부가 상상하던 그 빛깔에 더 가까워지고 있다는 확신은 든다.

일본 아오야마 파머스 마켓에서 만난 싱싱한 채소들과 병에 담긴 절임 식품들. 우리는 이날 말린 과일과 흑매실, 두 종류의 미소 된장, 염장한 생후추 등을 구매했다.

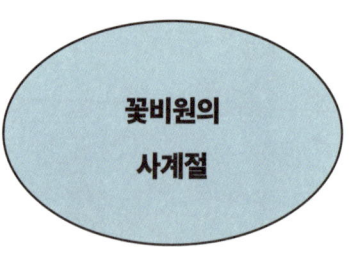

꽃비원의 사계절

매년 가을 배를 수확하는 시기가 다가오면 한 달 전부터 일이 없어도 매일매일 농장에 머무르거나 아예 자리를 펴고 캠핑을 한다. 농장 옆에 집을 둔 게 아니기에 새가 와서 배를 쪼아 먹지 못하도록 나름 보초를 서는 것이다. 이렇게 내내 시간과 공을 들일 바에야 차라리 면적을 넓혀 방조망(과수원 전체를 망으로 덮는 설비)을 설치하는 게 더 효율적이라고 말하는 사람들도 있다. 약 80그루의 배나무에 배가 열려도 순수 수확량으로 따지면 다른 농가에 비해 극소량이기 때문이다. 하지만 막상 방조망 설치 비용을 알아보니 꽤 비싸서 대출이 불가피했다. 배를 판매한 수익으로 갚으려면 또 몇 년이 소요될 것 같았다. 면적을 넓히면 설치에 드는 평당 금액이 떨어지는 것은 당연하지만, 그렇다고 총비용이 싼 것은 아니다.

농장을 운영하는 데 필요한 시설, 설비는 어느 정도가 적당할까? 그리고 설비를 아무리 갖춰도 부족한 점은 계속 눈에 보이기 마련인데, 얼마나 더 해야 할까? 꽃비원은 처음 배나무를 심을 때 태풍이 오더라도 배가 떨어지지 않도록 구조물을 설치했었다. 우리가 키운 농작물을 갑작스러운 자연재해에 힘없이 잃고 싶지는 않았기 때문이다. 배나무를 구조물 없이 자연스럽게 키울 수도 있지만, 배를 판매해 고정 수입을 내는 일은 우리 세 가족이 시골에서 자립하는 데 필요한 부분이었다. 당시 나는 아버지와 함께 직접 파이프를 잘랐고, 해머로 땅에 기둥을 박아 이 파이프들을 서로 연결해 과일나무 구조물을 완성했다.

배나무 옆 미니사과 나무도 처음 나무를 심을 때는 배나무와 비슷한 구조물을 설치했는데, 5년이 지나 스스로 땅에 단단히 뿌리를 뻗은 뒤로는 구조물을 말끔히 정리했다. 꽃비원을 최대한 자연과 가까운 상태로 가꿔 가고 싶다는 마음이 없었다면 하지 않았을 일이다. 농장에 추가 시설을 고민할 때 신중해질 수밖에 없는 이유다.

퍼머컬처(permaculture)는 '지속적' '영구적'이란 의미의 퍼머넌트(permanent)와 '농업'를 의미하는 아그리컬쳐(agriculture)가 합성된 용어다. 생태 농업을 바탕으로 의식주를 넘어 모든 생활을 지속 가능하게 만드는 문화 운동을 뜻한다. 자연의 원리에 맞게 생활환경을 구성하면서 자급·자립하는 삶을 추구하는 태도이기도 하다. 가령 유기농산물을 기를 때 누군가는 유기농자재를 사용해 온실에서 재배하겠지만 어떤 농부는 '후쿠오카 마사노부'가 창시한 자연농법처럼 무투입으로 작물을 키울 것이다. 둘 중에서는 후자가 더 퍼머컬처 성격에 가깝다. 땅을 갈지 않고 제초작업을 하지 않고 비료와 농약도 사용하지 않는, 땅에 최대한 투입을 하지 않고 자연의 시간에 맡긴 채 농사짓는 유기농 방식이 바로 자연농이니 말이다.

꽃비원은 일부 면적은 무경운으로 운영하지만, 필요에 따라 경운을 한다. 작기가 긴 작물은 비닐 멀칭 작업으로 땅을 덮어 준다. 하지만 농약과 화학비료는 사용하지 않고 유기농에 가깝게 농사를 짓는다. 무투입으로 농장이 생태 순환되도록 하는 게 최종 목표이다. 꽃비원 농장에서 단순히 생산물을 얻는 게 아니라 그곳에서 자라날 식물들도 최대한 자연 모습 그대로, 순환 구조를 회복했으면 한다. 큰 나무도 있고 그 아래에 작은 나무, 채소밭, 나물밭이 있는 자연 생태계의 모습처럼 말이다.

산업형 농업의 경우 한두 가지 작물을 대량으로 재배하고 계절에 상관없이 연중 생산하려고 노력한다. 그와 달리 꽃비원은 계절의 흐름에 따라 생산하고, 그렇기에 기후의 변화에도 많은 영향을 받는다. 그럴수록 농장의 생태환경 변화에 더 많은 관심을 기울여야 한다. 언젠가 우리 농장을 인터뷰하러 온 기자님이 '귀농을 하거나 시골에서 생활하기 위해 갖추어야 할 요건'을 질문한 적이 있는데, 우리는 그때 "돈도 물론 필요하고 집도 필요하지만, 자연을 관찰할 수 있는 섬세함"이 중요하다고 답했다. 작은 것들을 눈여겨보고 놓치지 않는 섬세함이 있어야 씨앗에서 시작되는 생물의 변화를 알아차릴 수 있다.

그런 섬세함이 종 다양성(species diversity)으로 연결된다. 이 용어는 여러 생물 종의 개체군이 모여 이룬 생물 군집에서 생물 종이 다양한 정도를 의미한다. 다양성이 풍부할수록 생태계의 안정성은 높아진다. 우리가 꽃비원 농장을 일구며 이루려는 생태 순환도 결국 종 다양성과 관계가 있다. 처음 우리가 이곳에 와서 나무를 심지 않았다면 내 키보다 더 큰 나무들을 여전히 만날 수 없었을 것이다.

생태 순환을 생각하면서 우리는 매년 봄, 가을이 되면 관심 있는 지역에서 잘 자라고 있는 나무를 옮겨 와 심는다. 가끔은 동네에 있는 산을 걷다가 도토리나무, 조팝나무, 느티나무 아래에 씨가 떨어져 저절로 자란 나무 묘목을 농장으로 가져와 옮겨 심기도 한다. 지금 당장은 작은 묘목에 불과하지만, 앞으로 몇 년 더 시간이 흘러서 이 나무들이 성큼 자라나면 넓은 그늘을 내주는 큰 숲이 될지도 모른다.

계절을 느끼며 심고 가꾸는 나날

농부들에게는 배추와 무를 뽑은 다음, 주로 김장철이 지난 뒤가 겨울이다. 겨울에 땅이 얼어 다음을 준비하듯 우리 일상도 고요하게 흘러간다. 사계절을 생각하면 언제나 추운 겨울이 지나고 봄이 온다. 이때 단순히 기온만 오르는 것은 아니다. 겨울 동안 월동한 채소들의 상태, 새롭게 발아해서 자라기 시작한 풀 등 농장의 모든 식물의 싹과 나뭇잎을 관찰하는 게 계절을 읽는 한 방법이다. 식물의 변화는 매년 비슷한 듯 보여도 조금씩 다르다. 두릅나무의 눈이 녹색으로 변하기 시작하다가 점점 잎을 펼치기 시작하면 매일같이 두릅을 더 자세히 들여다봐야 한다. 매년 같은 달, 같은 날에 이것들을 따는 게 아니라 두릅이 너무 어리지도, 너무 자라지도 않았을 때 순을 꺾는다. 특히나 봄나물은 하루가 다르게 자라기 때문에, 조금이라도 수확이 늦어지면 겉에 난 가시도 굵어지고 질감도 억세진다. 쑥이나 오가피 순, 원추리도 한 뼘 크기가 되기 전에 수확해야 적당하다. 이렇게 오감을 총동원해 계절의 변화를 읽을 때 비로소 봄의 시작을 실감한다.

옛 어르신들은 살구꽃이 피면 서리가 내리지 않아 농사를 시작할 수 있다고 했고, 뻐꾸기가 울면 여름이 왔다고 했다. 우리도 날짜를 꼭 기억하지 않더라도 다양한 요소로 계절의 흐름을 파악한다.

농장에 산벚나무가 활짝 꽃 피울 때, 사과꽃, 배꽃이 필 때가 봄이다. 열매가 작은 보리수나무는 꽃도 작은 편인데, 꽃이 피어나면 나무 근처로 벌이 모이고 윙윙 소리로 가득 찬다. 꽃이 지고 빨간 열매가 주렁주렁 달리는 6월 초가 되면 양파, 마늘, 감자 수확을 준비하면서 본격적으로 여름을 맞이한다.

6월 20일경은 주로 장마 기간인데 요즘은 이 시기가 불규칙해졌고, 장마 이후로도 태풍이 자주 온다. 무엇보다 여름 한낮 기온이 점점 올라가고 있다. 그래서 여름에는 해 뜨는 시간에 맞춰 새벽 5~8시에 잠시 일하고 아침을 먹은 뒤 8~11시, 오후 5시 이후로 나눠 밭으로 간다. 이 시기 낮에는 집에서 쉬면서 보내는 편이다. 가족끼리 느긋하게 점심을 해 먹는 시간이 소소한 즐거움이다. 당근, 호박, 가지 등 여름 채소가 풍성해 비슷한 시기에 수확한 바질, 파슬리, 타임 같은 허브류와 만나면 멋진 요리가 탄생한다. 덥기는 해도 요리하기 좋은 계절인 셈이다.

여름은 또 제초의 계절이다. 여름비는 풀을 금세 자라게 하고, 날이 가물어지면 풀이 자라는 속도도 더뎌진다. 적당한 시기를 눈치껏 살피면서 순차적으로 제초작업을 하는데, 사람이 다니는 길은 내가 예초기와 잔디깎이를 번갈아 사용하며 1차로 작업하고, 남도는 호미와 낫으로 주로 밭을 정리한다. 이 과정이 제초의 한 사이클이다. 이렇게 세 번 정도 제초작업을 마치면 여름도 얼추 끝이 난다.

다시 꽃비원의 가을 이야기로 돌아가자. 아침 해 뜨는 시간이 점점 늦어지고 배가 커지기 시작할 무렵, 우리는 새를 쫓기 위한 모험을 시작한다. 농장에 텐트를 치고 캠핑 의자를 펼치고 라디오를 켠다. 새가 배를 쪼려고 하면 부부젤라를 요란하게 불어대며 이들을 내쫓는다. 큰 연을 날리기도 하고 정신 사납게 검정 비닐을 깃발 삼아 걸어 놓기도 하는데, 바람이 불지 않으면 연이나 비닐은 거의 효과가 없다. 그렇게 며칠이 지나면 새는 또 등장한다. 까치와 물까치가 이 시기, 우리 가족의 적군이다. 처음에는 배 한두 개쯤 새들과 나눠 먹으면 되지 싶었다. 그런데 다음 해에는 그 양이 늘었고, 한 해가 더 지나자 모든 배를 새가 쪼아 놓는 상황이 벌어졌다. 그때부터 꽃비원은 매년 가을 새로부터 배를 지키기 시작했다.

대신 새가 파먹어서 이미 상한 배는 그대로 따서 나무 아래로 던져 놓는다. 배나무는 뿌리와 잎을 통해 필요한 에너지를 모아 열매를 맺는다. 그 열매를 일부 우리가 사용하고 그렇지 않은 부분은 다시 땅으로 돌려보내는 과정이다. 식물은 대부분 봄부터 자라기 시작해 계절이 바뀌면서 땅으로 돌아간다. 잎, 열매, 가지 등 각각의 부분들이 때마다 땅으로 돌아가 좋은 에너지가 된다. 매년 반복되는 생산과 소멸 속에서 우리는 심고 가꿀 뿐이다. 주변 환경을 최대한 바꾸지 않으려 노력하면서 말이다.

같이하면 덜 힘들다

3년 전부터 계절을 함께하는 사람들이 생겼다. 우프 호스트로 등록했기 때문이다. 꽃비원의 두 번째 공간을 준비하면서 일본의 브라운 필드 농장에 방문했을 때 우퍼와의 교류를 눈여겨보기도 했지만, 가장 큰 계기는 욜란타였다. 욜란타는 가깝게 지내는 종합재미농장의 소개로 알게 된 친구다. 종합재미농장은 우리처럼 자연재배 방식으로 토종 작물을 다품종 소량 생산하는 양평의 한 농가이다. 이들은 우리보다 먼저 우프 호스트로 등록했는데, 종합재미농장에 우퍼로 왔던 욜란타가 농장과 식당을 같이 운영하는 꽃비원에 관심을 보여 서로를 소개해 준 것이다. 그때 욜란타와 3주라는 긴 시간을 함께 보내며 느낀 바가 많았다.

욜란타와 함께 요리하고 식사하고 농장을 돌보면서 물리적, 정서적으로 안정감을 얻었다. 욜란타가 원호와 시간을 보내는 사이에 우리 부부는 편히 다른 일을 할 수 있었고, 농사일이 너무 바빠서 끼니를 라면으로 때울 때도 많았는데, 욜란타가 있으니 같이 장을 봐서 요리할 여유도 마련되었다. 낯선 사람과 함께 지내야 한다는 부담감은 금세 사라지고 가족처럼 편하게 지낼 수 있다는 사실이 놀라웠다. 그동안 부부 둘이서 많은 일을 처리하다 보니 솔직히 매일 바쁘게 지낼 때가 더 많았다. 그때 우퍼가 방문하면 일상에 여유가 찾아올 수도 있다는 사실을 알았다. 그렇게 꽃비원은 이듬해에 우프 호스트 농가로 등록했다.

이후 시골살이와 농사를 경험하고 싶은 다양한 우퍼들이 종종 꽃비원을 찾게 되었다. 시설이 아닌 일반 노지(밭)에서 농사짓는 시기는 생각보다 길지 않아서 우퍼들과 주로 일하는 시기는 4월부터 11월까지다. 4월 말, 5월 초에는 모종을 심고, 서리가 내리기 시작하는 10월 말이 되면 밭일은 거의 마무리된다. 겨울에 농장에 일이 아예 없는 것은 아니지만, 나무에 퇴비를 주고 왕겨나 낙엽으로 덮어 주는 일, 전정(나뭇가지를 잘라 주는 일)과 유인 작업(나뭇가지를 원하는 모양으로 자라도록 잡아 주는 일) 정도만 남는다. 이런 과정은 전문적인 일이라고 생각해 아내와 둘이서 한다.

우퍼들과는 봄 농사 준비부터 함께한다. 주로 모종을 만들고 물을 주고 모종을 옮겨 심는다. 마늘밭, 양파밭, 쪽파밭에 난 잔풀도 뽑는다. 그리고 봄나물 채집이 있다. 채집한 냉이와 달래, 두릅과 오가피 순은 꾸러미 상품으로 준비해 팔기도 한다. 그 무렵 배나무에는 엄지손톱 크기만 한 열매가 맺히기 시작한다. 자연스럽게 열매마다 봉지를 씌우는 게 다음 작업이 된다. 그러는 중 잎채소는 점점 더 풍성해지고 주키니 호박은 열매를 맺기 시작한다. 완두콩을 수확할 시기가 다가오면 인근 농가에서는 모내기를 시작한다.

초여름 보리수와 앵두가 붉게 익어 가면 마늘과 양파를 필요할 때마다 뽑아다 먹을 수 있다. 하지만 장마가 시작되기 전에는 전부 수확해 말려야 한다. 일이 많은 시기인데다 일기도 불안정해서 갑자기 일이 몰리기도 한다. 이때는 정말 하나보다 둘이 낫고 둘보다는 셋이 낫다. 주기적으로 꽃비원을 찾는 우퍼들은 특히나 더 손발이 맞아서 바쁜 시기에 항상 큰 도움을 받고 있다. 마늘과 양파, 감자를 모두 수확하고 콩과 들깨를 심으면 한숨 돌릴 수 있다.

    8월이 되면 배가 제법 커진다. 맛이 덜 들었는데도 새들은 어찌 알았는지 열매를 쪼아 먹기 시작한다. 아내와 나, 원호, 우퍼들은 시간을 정해 돌아가며 농장을 지킨다. 새가 나타나면 소리를 내거나 근처에 가서 쫓는 아주 원시적인 방법이지만, 꽃비원 농장에서는 이제 연례행사처럼 자연스럽다. 열매를 지키기에 그 어떤 방법보다 효과적이기도 하다. 새의 공격을 막기 위해 파수꾼으로 나서는 이 시기는 일찍 일어나 농장에 우두커니 혼자 있어야 하니 한편으로는 1년 중 가장 힘든 시기일 수 있다. 그런데 우퍼가 있어서 덜 심심하고 덜 외로운 시간인 것도 분명하다. 바로바로 수확해 먹을 호박, 가지, 오이, 공심채 외에도 다양한 허브가 풍성한 시기라서 다 함께 요리해 먹는 즐거움이 있다. 9월 중순 전후로 배를 모두 수확하면 농장의 바쁜 시기는 거의 마무리된다.

    참 이상한 일이다. 더는 새를 쫓지 않아도 된다고 생각하면 마음이 홀가분해지면서 남은 농장 일이 별것 아니게 느껴진다. 본격적인 겨울이 시작되기 전에 호박과 고구마(서리 맞기 전에 꼭 수확해야 한다), 김장 채소를 수확해야 하고 마늘과 양파도 심어야 하지만, 모든 작업에 편안한 마음으로 임한다. 가끔 꽃비원에 방문하는 친구들의 도움도 톡톡히 받는다. 꽃비원의 1년 사계절 속에는 언제나 사람들이 있다.

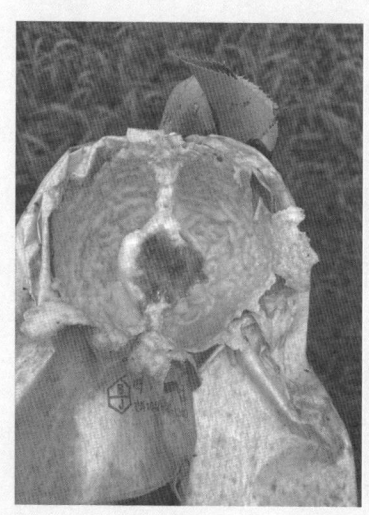

8월이 되고 열매가 제법 커지면 우리 가족은 새를 쫓는 모험을 시작한다. 새가 배를 쪼아 먹지 못하도록 시간을 정해 돌아가며 농장을 지킨다.

농촌에서 아이를 키운다는 것

 언제부터인지 모르겠지만 남도와 나는 아이를 낳으면 할 수 있는 한 늦게까지 기관에 보내지 않고 직접 키우고 싶다고 생각했다. 만약 우리가 도시에서 살았다면 그 꿈을 이루기 어려웠을 것이다. 부모님 손을 빌리거나 어린이집에 아이를 맡기고 둘 다 직장에 다니지 않았을까? 농사를 짓겠다는 결심에는 시골에서 살아야겠다, 아내와 아이를 함께 키워야겠다, 아이와 가능한 한 많은 시간을 보내야겠다는 의지가 포함되는 셈이다. 하지만 농사일이라는 게 물리적으로 바쁜 시기가 있다 보니 아이가 엄마, 아빠 옆에서 홀로 놀았던 적도 많다. 그럴 때는 자연이 원호의 마음 한구석을 채워 줬다는 생각이 든다.

　한 예로 꽃비원 농장 입구에는 5미터가 넘는 크기의 회화나무가 한 그루 있다. 2013년 봄에 아버지가 '원호나무'라며 가져오셔서 다 같이 심고 기념사진도 찍었다. 그날 원호는 나비넥타이를 매고 농장에 왔다. 그때는 10개월 된 아이보다 조금 더 크고 손가락 굵기만 했던 작은 나무가 10년 넘게 원호의 정성과 사랑을 받더니 이렇게나 자라났다. 그것 말고도 전정을 하고 가지를 주울 때, 보리수 열매를 따거나 새가 배를 쪼지 못하도록 망을 볼 때, 닭장 안에서 알을 꺼낼 때, 결명자나 들깨를 털 때 등 원호는 엄마, 아빠를 도우며 대지의 기운과 계절의 변화를 온몸으로 받아들였다.

　원호는 다섯 살에 처음 어린이집에 갔다. 네 살 가을 무렵 문득 "나는 왜 맨날 혼자 놀아야 해?"라고 물었는데, 때가 되었구나 싶어서 처음으로 '어린이집'에 대해 설명하고, 오후에 바로 방문 상담도 받았다. 이듬해에 생일이 두 달 차이인 사촌 형, 주호와 함께 어린이집에 다니게 되었다. 아이들이 뛰어놀 공간이 충분하고 근처 산에도 자주 가고 친환경 재료로 급식을 제공하는 좋은 곳이었다. 원장님은 페이스북으로 우리 가족의 귀농 생활을 우연히 알게 되어 원호가 원에 오면 좋겠다고 생각했다고 한다. 여러모로 마음이 놓이는 공간이었다. 매일 엄마, 아빠와 함께했던 아이라서 적응하기까지 시간은 오래 걸렸다. 그래도 선생님과 같은 반 형, 누나, 친구들이 도와줘 첫 사회생활을 무난히 시작할 수 있었다.

    아이가 여섯 살이 되던 해에는 원호 친구들을 농장에 초대하면 어떨까 싶은 생각이 들었다. 한 달에 한 번만 농장에 와도 아이들은 계절의 변화를 몸으로 기억하게 될 것이다. 우리의 제안이 받아들여졌고 드디어 아이들이 오기로 한 첫날, 인사말과 아이들을 위해 준비한 동화책 등 나름의 프로그램을 마련해 설레는 마음으로 농장 입구에 서 있었다. 사실 그때는 '아이들이 좋아할까?' 하는 걱정 때문에 더 긴장했던 것 같다. 버스가 도착하고 아이들이 내렸다. 다행히 아이들은 '와~' 소리치며 우리가 서 있는 곳을 순식간에 지나쳐 들판으로 달려 나갔다. 어떤 아이는 그새 나무에 올라가 있었고 어떤 아이는 쭈그려 앉아 꽃을 바라보거나 나뭇잎을 주웠다. 가르쳐주지 않아도 저마다의 방식으로 자연을 즐기는 모습을 보니 역시 프로그램이 딱히 필요치 않음을 깨달았다.

    봄에는 아이들과 사과 봉지에 그림을 그렸다. 거기에 각자 이름을 적어 어린 사과에 씌웠다. 가을에 사과 열매를 수확하면 아이들이 잘라서 사과청을 담갔다. 농한기인 겨울에는 어린이집 마켓에서 아이들끼리 사과를 팔았다. 이따금 1년 동안 농장에 왔던 그 꼬마들을 떠올린다. 아이들이 그 시절을 어떻게 기억하는지 알 수 없지만, 언제든 추억이 떠오르면 주저 없이 꽃비원에 들러 줬으면 좋겠다.

관계로 삶의 태도를 배우다

사람과 사람 사이, 관계를 맺어야만 배울 수 있는 태도가 있다. 그런 매너는 책에 상세히 적혀 있는 것도 아니고, 설령 적혀 있다고 해도 주입식 교육이 아니라 마음으로 필요를 느껴야 습관이 될 수 있다. 인프라가 집중되지 않은 곳에서 어떻게 관계가 생길 수 있나 생각할 수도 있지만, 시골이라서 맺을 수 있는 자유로운 관계가 있다. 나이 차이 나는 사람과도, 성별이나 국가가 같지 않은 사람과도 친구가 된다. 바쁘게 흘러가는 도시와 다르게 서로 멈추고 눈을 맞추고 때로는 음식을 나누며 깊이 교제할 수 있는 것이다. 그 만남이 우프를 통해 이뤄졌다.

우퍼들과는 농사일 외에 다양한 경험을 함께한다. 귀촌에 관심이 있는 분들과는 주변 지역을 탐색하고, 요리를 좋아하는 분들과는 함께 요리하는 시간을 갖는다. 요리에 소질이 있는 우퍼가 직접 만들어 준 색다른 음식을 맛보는 것도 우리에게는 좋은 자극이 된다. 식당이나 카페에서 일한 경험이 있는 우퍼는 주방과 홀을 효율적으로 준비하거나 정리하는 비결을 깨알같이 알려 준다. 드립 커피를 맛있게 내리는 노하우도 배운다. 새벽에 일어나 운동한 뒤 발우 공양하듯 밥을 남김없이 먹고 텀블러를 챙겨 다니는 우퍼를 보면 제로 웨이스트를 실천하는 삶의 태도를 되새긴다.

처음 우프 호스트 농가로 등록할 때(아이가 초등학교에 들어가던 해)만 해도 농사일로 도움을 받을 줄만 알았지 다른 부분은 생각지도 못한 일이었다. 오히려 너무 많은 사람들이 집을 드나드는 게 원호에게 정말 괜찮은 일인지를 더 걱정했다. 걱정했던 시간이 무색하게도 우퍼로 온 손님들은 우리가 바쁠 때 혼자 있는 원호를 챙기고 우리 집 강아지 이티를 산책시켜 주기도 했다. 비가 오면 대신 빨래를 들여놓고 따로 부탁하지 않아도 우리가 놓치는 생활의 빈틈을 채워 줬다.

원호는 첫돌이 지나고 조금씩 걷기 시작할 무렵부터 농사일하는 우리를 따라 농장에서 시간을 보냈다. 남도는 아이가 걷기 시작하니 업거나 안고 있을 때보다 눈과 손이 더 바빠졌다. 호기심 많은 아이는 계속해서 움직이니 엄마가 쫓아다녀야 했고, 흙바닥에 주저앉아 노는 날이 태반이어서 손빨래하는 시간도 늘어났다. 아빠가 삽질하면 원호도 작은 삽을 꺼내 땅을 팠고, 엄마가 호미질하면 자기도 호미를 잡겠다고 우겼다. 모종을 심을 때는 옆에서 하나씩 꺼내 줬고, 조금 더 자라서 숫자를 알게 되자 감 열 개씩, 파 백 개씩 셈하며 작물을 뽑았다. 당근이나 래디시를 뽑아 물에 쓱 씻고는 그 자리에서 맛을 보기도 했다. 우리 부부는 아이에게 "너는 안 돼"라는 말을 하지 않으려 노력했다. 아이의 눈높이, 아이의 속도, 아이의 관심사에 최대한 맞췄고, 바쁜 시기에도 원호를 위해 느긋해지려 애썼다.

초등학생이 된 원호는 우퍼들이 오는 날을 좋아한다. 이전에는 우리가 농장을 돌보는 동안 배나무 파이프를 철봉 삼아 놀거나 파이프를 악기처럼 두드리며 소리를 들어보거나, 그것도 아니면 보리수나무를 타는 등 혼자만의 놀이를 찾아 나섰다. 그런데 우퍼들이 오면 혼자 놀지 않아도 되고 자기 이야기도 잘 들어주니 얼마나 좋겠는가. 아이는 아이 대로 부모는 부모 대로 감사한 시간이다.

우핑을 원하는 분들은 대체로 자기 삶의 방향을 진지하게 고민하는 젊은 친구들이다. 무겁게 고민하면서도 결국 용기 있게 자신의 길을 헤쳐 나아간다. 이들의 고민이나 삶을 대하는 태도를 듣고 있다 보면 '우리는 저 나이에 뭘 했더라' 하는 반성이 들 정도로 그 시간이 유익하다. 세대가 다르면 서로를 이해하기 어렵다고들 하는데, 나는 오히려 우리 아이가 저렇게 건실하게 자라 준다면 더 바랄 게 없을 것 같다고 생각한다. 그들을 이렇게 훌륭하게 키워 낸 부모님이 궁금해질 때도 있다. 원호가 이 만남을 통해 어떤 것들을 느끼고 배우는지 지켜보는 재미도 쏠쏠하다. 아마 농사를 짓지 않았더라면 이렇게 다양한 사람들과 인연을 맺으며 서로 좋은 영향을 주고받기 어려웠을 것이다.

논산에 자리 잡은 지 어느덧 10년이 조금 넘었고, 원호는 이제 열두 살이 되었다. 돌이켜 보면 우리 가족에게 일은 곧 삶이었고 삶은 일이었다. 여행을 가고 싶어도 평소에 궁금해하던 농장을 방문하거나 농번기 때 바빠서 만나지 못했던 분들을 보러 떠난다. 원호는 이제 어른들이 이야기하는 시간을 그전처럼 지루해하지 않는다. 더 이상 아이가 아니라 꽃비원의 미래를 함께 고민하는 구성원처럼 느껴진다. 성숙한 어른들을 많이 만났던 덕에 원호의 몸과 마음이 제대로 가지를 뻗고 있다는 사실을 요즘 들어 더 자주 깨닫는다. 꽃비원에서 작게 마켓을 연다고 하면 자발적으로 포스터나 홍보물을 그리는 아이, 새로운 메뉴를 만들면 본인이 먼저 시식하고 평가해 보는 아이… 그렇다고 원호에게 꽃비원을 물려주겠다는 생각은 하지 않는다. 원호는 아직 다양한 가능성이 있으니 자기만의 길을 모험하면서 찾아갔으면 한다. 아직은 그 어떤 방식으로도 아이를 규정하고 싶지 않다.

원호의 가장 특별한 생일 파티

원호가 네 살이 되었을 무렵 꾸러미 식구들이나 주변 지인들이 농장에 방문하고 싶다는 얘기를 많이 했다. 그래서 그동안 가꾼 우리 농장에 사람들을 초대해 겸사겸사 원호 네 살 생일 파티를 열기로 했다. 사실 우리 부부는 연애하면서 지금까지 기념일을 챙기거나 특별한 이벤트를 한 적이 거의 없다. 그 흔한 스튜디오 사진도 찍지 않았다. 농장 일이 바쁘기도 했지만, 스튜디오를 빌려 조카 돌사진을 찍던 날을 생각하면 꼭 해야 하는 과정인지 모르겠다. 익숙하지 않은 공간, 불편한 옷, 알지 못하는 사람들… 앨범으로 볼 때는 예쁜 모습 몇 장이지만 사진 찍는 날 현장에서는 아이를 어르고 달래야 하는 시간이 훨씬 길다. 그래서 원호 생일에도 늘 가족끼리 식사 한 끼 하는 것으로 대신하고는 했다.

그래서 원호의 네 번째 생일이 유난히 기억에 남는다. 그날은 일상에서 찍어 둔 원호 사진을 모아 전시하고 '흙이 키운 아이'라는 타이틀도 붙였다. 손님들이 오니 음식도 대접해야 하는데, 어떤 방식이 좋을까 생각하다가 꾸러미 식구이자 마르쉐@ 요리팀으로 출점하는 지민이에게 요리를 부탁하기로 했다. 지민이는 그 자리에서 우리 부탁을 흔쾌히 받아들였다. 그런데 식당을 하면서 알게 된 사실이 있다. 요리하는 사람은 익숙한 자기 공간이 아니면, 거기에 주방 시설도 제대로 갖춰지지 않은 곳이라면 요리하기가 어렵다. 그런데도 아무것도 생각하지 않고 바로 승낙한 것이 시간이 지날수록 고마웠다.

지민은 농장에 있는 재료들을 여러 차례 물어보면서 메뉴를 정했다. 그러는 동안 우리는 꽃비원 꾸러미 식구들과 꽃비원을 늘 응원해 주는 주변 지인, 친구들에게 보낼 초대장을 준비했다. 6월이니 그리 덥지는 않았지만, 햇볕을 가릴 곳이 필요해 타프를 사서 설치했다. 그런데 생일 파티가 열리는 날 비 소식이 있었다. 장마철인데 햇볕만 고민하고 비에 대한 대책은 하나도 세우지 않았다니.

농장에 공간이 따로 없었기에 우리는 바로 취소 공지를 올렸다. 그 소식을 듣고 한 분이 전화를 주셨다. 아쉬워하며 비가 오면 뭐 어떠냐고 했다. 그때 창고 수준이었던 비닐하우스가 떠올랐다. 건조장과 육묘장 용도로 지은 하우스인데, 실내 공간에는 꽃비원을 시작한 첫해에 고물상에서 산 개수대, 아버님이 주신 목재로 만든 테이블과 의자가 있었다. 그래서 다시 예정대로 진행하겠다고 공지하고 하우스 안을 정리하기 시작했다. 현아 누나의 도움으로 하우스 안에 잔뜩 쌓여 있던 물건들을 빠르게 치울 수 있었다. 그곳에 내가 만든 테이블과 의자를 배치했다. 현아 누나는 또 밭에 있는 꽃과 풀로 테이블을 장식했다. 오시는 분들이 둘러앉아 그럭저럭 식사는 할 수 있을 것 같았다.

지민이도 친구 두 명에 지금의 남편을 대동해 살림을 잔뜩 들고 농장에 도착했다. 가족, 친구, 꾸러미 식구들도 차차 모였다. 사람들이 농장을 둘러보는 동안 음식이 빠르게 차려졌다. 보리수를 넣은 막걸리 칵테일, 직접 키우는 닭이 낳은 달걀로 요리한 허브향 솔솔 나는 프리타타, 구운 가지와 토마토가 들어간 먹음직스러운 파스타… 꽃비원의 채소를 잘 아는 친구라 맛있는 요리가 뚝딱뚝딱 만들어졌다. 장소는 누추했지만 정성스러운 음식은 평소보다 더 특별해 보였다. 원호 생일을 축하하려고 모인 사람들 덕에 치울 데가 없어서 그냥 하우스 위에 매달아 둔 마늘 다발까지 모든 게 자연스럽고 멋지게 느껴졌다.

그 생일 파티는 우리 가족에게 완벽하지 않아도 괜찮다는 사실을 알게 해 주었다. 부족하면 부족한 대로 서로 채우고 채워 주면서 살아가면 되는 것이다. 시골 생활이라는 게 그렇다. 부족하고 아쉽다고 생각하면 불편한 부분만 보인다. 하지만 도시에서는 절대 누릴 수 없는 낭만이 있다. 원호도 그런 부분을 몸소 느끼며 자랐으면 한다.

'흙이 키운 아이'라는 제목의 작은 사진전과 원호의 네 살 생일 파티가 열린 날. 지민이가 손수 지은 음식이 그 자리를 빛내 줬다.

3부

조화로운 삶을 꿈꾸다

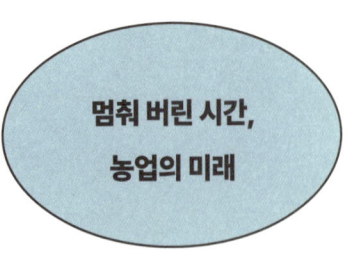

멈춰 버린 시간, 농업의 미래

2020년은 여러모로 힘든 한 해였다. 코로나가 세계를 덮쳤고 그해 6월부터 시작된 장마는 50일이 넘게 이어졌다. 농사를 지으며 매년 기후가 조금씩 달라지고 있다는 것을 피부로 느끼지만, 이제는 정말 '위기'라는 단어를 꺼낼 수밖에 없다. 우선 봄의 모습이 달라졌다. 겨울이 지나고 봄이 와도 4월 말, 5월 초에나 채취하던 두릅, 오가피 순을 이제는 더 빨리 꺾게 되었다. 봄 기온이 갑자기 올라 꽃들이 일제히 피는 모습도 마음이 쓰인다. 2020년 장마가 지속되었을 때는 벌들이 수정하지 못해서 호박이 안 열리기도 했고, 바질에는 곰팡이병이 번졌다. 기후를 예측할 수 없어서 정기적으로 신청받던 꾸러미는 지속할 수 없게 되었다.

　매년 조금씩 작부체계가 무너지고 있다. 그렇기에 변화무쌍한 기후에 잘 적응할 식물을 다시 찾아야 할 시기가 찾아왔음을 느낀다. 사과나무는 이제 기후가 잘 맞지 않아서 밤나무나 호두나무를 심고 있다. 열대식물인 바나나나무를 심어 볼까 고민도 한다. 우리 동네에서 바나나나무를 키우면 겨울이 문제이긴 하지만, 뿌리를 잘 덮어 주면 위쪽은 죽더라도 봄이 되면 다시 살아나 잎이 나기도 한다. 실제로 꽃비원 밭에서 키우는 채소 중 공심채가 아주 잘 자란다. 동남아 지역에서 자라는 공심채는 고온다습한 조건을 좋아한다. 그러니 비가 자주 내리거나 볕이 뜨거워도 그 조건을 묵묵히 견딘다. 작년에는 화분으로 키우던 유칼립투스를 농장으로 옮겨 심었는데, 월동을 하더니 내 키보다 더 크게 자랐다.

　지구가 뜨거워지면서 병충해 문제도 심각해졌다. 2022년은 특히 겨울 추위가 늦게 시작되면서 11월인데도 송충이 활동이 활발했다. 농장의 나뭇잎이 죄다 사라질 것만 같았다. 몇 년 전에는 흰불나방 애벌레가 뽕나무잎을 다 갉아 먹은 적이 있다. 나무를 베야 하나 고민했는데, 다행히 해가 바뀌고 괜찮아졌다. 지구 온난화가 심해질수록 이런 비슷한 상황은 반복될 것이다. 그렇게 생각하면 열대 지방에 살던 박쥐들이 기온이 오르면서 온대 지방으로 이동해 코로나가 발생했다는 설이 영 틀린 말은 아닌 듯하다. 북극의 얼음이 녹아 해수면이 높아지면서 유럽과 중국은 가뭄 피해가 늘었다. 파키스탄은 심각한 홍수가, 우리나라는 태풍 피해가 자주 발생한다.

생태계를 연구하는 많은 학자들은 이런 극심한 자연재해의 원인을 기후변화에서 찾곤 한다. 세계 곳곳에서 문제가 생길 때 이를 단순히 먼 나라 이야기로 치부할 수 없는 이유는 지구 전체의 식량이 서로서로 연결되어 있기 때문이다. 앞에서도 말했듯이 러시아-우크라이나 전쟁과 인도 가뭄으로 밀 생산이나 공급에 차질이 생기면서 밀가루 가격이 폭등했다. 농산물 공급에 차질이 생기거나 가격이 급등하면 취약 계층은 당장 식량문제에 부딪힌다.《굶주리는 세계》를 쓴 학자들은 식량문제를 해결하려고 지향하기 시작한 산업형 농업이 생태적으로는 절대 지속 가능할 수 없음을 지적한다. 개량된 종자, 이들의 번식을 위해 사용하는 농약과 화학비료는 이미 토양의 사막화를 가져왔고 에너지, 화석연료의 의존도가 높은 농업은 그만큼 돈과 에너지를 쏟아야만 수익을 낼 수 있는 구조이다. 작은 규모로 농사짓는 농부들은 이런 시스템에 적응하기가 더 어렵다.

전염병, 기후 위기, 전쟁, 자원 고갈… 생각해 보면 2020년도 이후 세계정세는 우울 그 자체였다. 역사 속에서나 보던 일들이 21세기에 연속적으로 일어나는 것을 지켜보며 무기력해질 때도 있었다. 키친을 찾는 손님들도 줄었고 우리가 할 수 있는 일은 그저 묵묵히,

농장에서 일하는 것뿐이었다. 일요일을 제외하고 상시 운영하던 키친을 목, 금, 토요일에만 열기로 한 것도 가장 큰 계기는 코로나였다. 처음에는 월, 화, 수요일은 농장에서 일하고 목, 금, 토요일은 키친에서 일하는 게 쉽지 않았다. 요일을 나누고 보니 농장에서는 키친 일을 걱정했고, 키친에서는 농장의 이모저모를 떠올렸다. 시간이 흐르면서 나름 요령이 생겼지만, 뉴스를 볼 때면 앞날이 잘 그려지지 않아 답답했다.

전통농업을 지향하다

꽃비원은 노지 작물을 주로 재배하기 때문에 시설비를 많이 들이지 않았다. 기계라고 해도 아버지에게 물려받은 경운기, 귀농 초기에 산 예초기가 전부이며 보조금을 받으면 어느 농가든 쉽게 설치할 수 있는 저온 창고도 아직 없다. 농약, 화학비료 없이 손수 제초하고 가능한 한 친환경 방식으로 농사를 짓고 있다. 대부분 채종이 가능한 작물을 심고 거두기 때문에 몇몇 품목을 제외하면 종자를 사는 비용도 따로 들지 않는다. 수확한 작물은 거의 직거래로 판매하기에 마르쉐@와 같은 시장에 지속가능기금(수수료)를 내는 것 말고는 트럭 비용, 상하차 비용이나 그 외 부가적인 비용이 발생할 일도 없다. 대량 생산, 규격화 상품이 아니라서 포장 비용(박스, 테이프, 스티커 등)도 그다지 많이 들지 않는다. 2천 평 규모 가족농, 자급자족, 지속 가능성 등을 생각하면 우리에게는 지금 이 친환경 전통 농업 방식이 최선이라고 생각한다.

농업 생태학을 기반으로 한 전통농업을 지향한다는 것은 '올해 얼마나 수확할까?'보다 '미래에도 계속 수확할 수 있는가?'를 먼저 묻는 방식이다. 이 과정은 복잡하고 섬세한 작업이기에 대규모 농가보다 소규모 농가에 더 적합한 방식이기도 하다. 식물의 다양성을 생각하면서 사이짓기, 돌려짓기, 경축 순환 농업 등을 실천해야 하기 때문이다.

사이짓기는 한 종류의 작물이 자라고 있는 상태에서 이랑 사이 또는 포기 사이에 기간이 한정된 다른 작물을 심는 방법이다. 가령 감자를 심을 때 감자와 감자 사이의 간격을 넉넉하게 두고 그 이랑에 키 작은 강낭콩을 심는 식이다. 서로 보완이 되는 식물을 같이 심으면 화학비료에 의존하지 않고도 건강한 작물을 얻을 수 있다. 다만 이 방식은 기계를 쓰기 어려워 손수 작업해야 하므로 그만큼 품이 든다.

돌려짓기도 품이 들기는 마찬가지다. 같은 땅에 해마다 다른 작물을 돌아가며 심는 재배 방법으로 '윤작'이라고도 한다. 돌려짓기 또한 지력을 높이는 작법이다. 한곳에 오랫동안 같은 작물을 재배하면 특정 질병이나 해충이 발생하기 쉽고 땅속 영양 상태가 불균형해진다. 그런데 지력 소모가 큰 작물을 재배한 뒤 콩과 작물을 돌려짓기하면 땅의 힘을 다시 키울 수 있다. 병충해도 줄어들고 토지를 효율적으로 이용할 수 있는 것이다. 땅이 회복되면 자연스럽게 작물 수량도 늘어난다.

경축 순환 농업은 가축 분뇨나 볏짚, 겨 등의 농업 부산물을 화학비료 대신 퇴비로 활용하는 방식이다. 꽃비원은 식당에서 나오는 음식물쓰레기로 퇴비를 만들고 오줌 액비와 키우는 닭의 분뇨를 발효해 사용하고 있다. 축산 폐기물이 뿜어내는 악취와 가스, 화학 성분(동물을 기를 때 사용하는 항생제 때문에 발생), 균 등은 토양과 공기, 물 등을 오염시키기 때문에 유통되는 가축 분뇨나 유기농 자재로 인증받지 않은 퇴비는 되도록 사용하지 않고 자가 퇴비를 만들어 보려고 노력한다. 밭에서 나온 채소를 식당으로 가져와 활용하고 남은 것들은 다시 농장으로 되돌아가 닭의 먹이가 된다. 작은 시도로 꽃비원 안에서 순환의 과정을 만들어 간다.

땅의 순환 과정을 그린 다큐멘터리 〈대지의 입맞춤〉을 보면 토양의 사막화를 막는 재생농업이 자세히 소개된다. 그런데 이 재생농업이라는 게 사실은 앞에서 말한 전통농업 방식과 크게 다르지 않다. 전통농업과 정반대 지점에 있는 산업형 농업은 다른 말로 관행농업이라고 부른다. 영화는 경운, 제초제와 화학비료 사용, 단일

재배 방식 등의 관행농업이 어떻게 땅을 파괴하고 기후를 바꿔 놓았는지를 집중 조명하면서 앞으로 땅의 회복을 위해 어떤 노력이 필요한지를 설명한다.

그렇다면 모든 농부가 관행농업을 버리고 전통농업으로 전향해야 한다는 말인가? 농업은 어떤 방향으로 나아가야 하는 걸까? 내가 얘기하고 싶은 관점은 다양성이다. 산업형 농업은 점점 발전하고 있다. 다양한 정책 지원으로 미래 농업의 로드맵을 착착 그려 간다. 기후변화와 식량부족 문제를 해결할 스마트팜이 그렇게 등장했다. 농업에 정보 통신 기술을 융합해 농작물 재배 환경을 자동으로 관리하는 시스템. 실제로 스마트팜은 원격으로 농장의 온도, 습도, 일조량, 이산화탄소량, 토지의 상태 등을 측정하고 환경을 제어한다. 적은 노동력으로 다량의 생산물을 얻을 수 있는 것이다. 하지만 이렇게 재배 환경을 제어하는 시스템은 초기 시설 설치 비용(최소 1억여 원 이상)이 어마어마하다. 누구나 스마트팜 농가로 전환할 수 없는 이유 중 큰 부분이 바로 이 초기 비용일지도 모른다. 스마트팜이 농촌의 인구 감소, 고령화, 노동력 부족 문제를 해결할 열쇠로 주목받고 있는 시대이지만, 스마트팜을 운영하는 데 들어갈 어마어마한 에너지를 생각하면 완벽한 해결책이라 볼 수는 없다.

반면 농가의 신념을 기반으로 유지되는 자연농, 친환경 재배는 작물의 수확량 측면에서 식량 위기의 완벽한 대책이 되기는 어려울 것이다. 제초제나 화학비료를 사용하지 않는다는 원칙은 채소나 과일을 곤충이나 동물들에게 어느 정도 양보해야 한다는 의미이기도 하니 말이다. 그러나 땅의 회복력에 기대 이듬해에도, 그 이듬해에도 꾸준히 농사를 지을 수는 있다. 이런 지속 가능성을 생각한다면 전통농업을 지향하는 농가도 시설농이나 스마트팜처럼 적정 비율로 유지되어야 맞는 것 아닐까? 안타깝게도 현재 우리나라 농업 시스템에서 전통농업 방식을 고수하는 농가, 그중에서도 규모가 그리 크지 않은 소농은 정부 차원의 지원을 크게 기대할 수 없다.

생산자와 소비자, 모두가 만족할 수 있으려면

처음 우리가 논산에 내려와 친환경 농사를 짓겠다 했을 때 부모님은 그리 달가워하지 않았다. 어린아이를 키우며 2천 평 땅의 풀을 어떻게 관리하려는 거냐며 걱정했다. 고랑에 제초제를 한 번만 뿌려도 풀을 매야 하는 횟수가 줄어든다. 농약도 조금이나마 사용해야 제대로 된 수확물을 얻을 수 있으니, 세 식구가 잘 정착하려면 필요한 부분이 아니겠냐며 우리를 설득했다. 물론 우리의 생각에는 큰 변화가 없었다. 이렇게 다른 가치관으로 부딪히다 보니 초반 2년 이후부터 부모님은 우리 농장에 오는 걸음을 멈췄다.

생각하는 방향이 다르긴 해도 부모님과 우리는 여전히 같은 업종에 속해 있다. 그래서 오랜만에 가족들이 다 모이면 서로 정보를 공유하느라 바쁘다. 농장을 처음 시작했을 때만 해도 아버지에게 많은 것들을 배웠다. 아버지와 둘이서 배나무, 사과나무 구조물을 설치하기도 했고 하우스 짓는 법이나 농작물 심는 시기를 어떻게 관리하는지 등 궁금한 내용을 수시로 질문할 수 있었다. 아버지는 오랫동안 농사를 지어 왔기에 현장 지식을 배워 두면 두고두고 도움이 된다.

그렇게 시간이 흐르면서 부모님이 우리의 농사 방식을 반대했던 진짜 이유를 자연스럽게 이해하게 됐다. 친환경 농사를 지향하는 자체가 탐탁지 않았다기보다 이왕 농사를 짓겠다고 농촌까지 내려왔으니 조금 더 풍족하고 안정적인 삶을 살길 바랐던 것이다. 하지만 아버지도 요즘은 우리의 방향성에 많은 관심을 보인다. 아버지가 보기에 상품 가치가 전혀 없이 보이는 갈라진 당근을 마르쉐@에서 다 팔고 오는 모습을 보면 내심 신기했던 모양이다. 이제는 채소를 고르는 소비자의 인식이 조금씩 변화하고 있다는 현실을 아버지도 어느 정도 공감하게 되었고, 최대한 농약 사용을 줄이고 친환경적인 방법으로 바꿔 가려고 노력하신다.

귀농 초기, 경북대학교에서 열린 사과 재배법 특강에 참석한 적이 있다. 그날 강사는 사과나무를 잘 키워 열매를 얻으려면 아무리 최소화한다 해도 1년에 아홉 번은 농약을 사용해야 한다고 말했다. 그렇지 않으면 사과는 금세 탄저병에 걸리거나 해충이 생겨 수확하기 어렵다는 것이다. 그러나 그 말을 듣고도 우리는 결국 사과에 농약을 칠 수 없었다. 친환경 방제로 키울 방법을 찾다가 나중에는 열매가 작을 때 봉지를 씌워 키우는 방법을 택했다. 이렇게 하면 최소한 병해충의 피해는 조금 줄일 수 있다.

10년이 흐르면서 꽃비원의 사과나무는 이제 수세(樹勢, 나무가 자라는 기세나 상태—편집자)가 약해졌다. 과일나무는 수세가 약해지면 열매가 작게 맺히고 해거리(한 해를 걸러서 열매가 많이 열리는 현상)가 발생하기도 하며, 병해충 피해는 더 심해진다. 보통은 수세가 약해지면 나무를 뽑고 새로운 사과나무를 심지만 우리는 쓰러지는 사과나무 자리에 밤나무, 호두나무 등 다른 나무로 수종을 변경해 나가고 있다. 우리는 비록 사과를 수확하지 못하는 상태가 되었지만, 사과를 기르는 농가가 얼마나 노력을 기울여 수확물을 얻고 있는지는 충분히 알고 있다.

올해 가을에는 아버지가 키운 사과를 소셜 계정에 소개해 대신 판매했다. 그때 무농약 사과인지를 묻는 사람들이 많은 것을 보고 여러 생각이 들었다. 아버지는 1년에 세 번 정도 농약을 친다. 다른 농가에 비해 현저히 낮은 횟수임에도 사과를 사는 사람들에게는 이게 원치 않는 상품이 될 수도 있다. 하지만 소비자의 인식이 달라지는 과정은 장기적으로 봤을 때 농업에 나쁘지 않은 변화이다.

덴마크인의 최대 화두는 '웰니스(wellness)'로 신체적, 정신적, 사회적 건강이 조화를 이루는 지속 가능한 행복이라는 의미이다. 그래서 소비자들도 자연스럽게 친환경, 유기농 제품을 선호하는 경향을 보이고 있다.
2016년 상반기 기준 덴마크의 총 소비 식품 대비 유기농 제품 비율은 10%에 육박했다. 이는 전 세계에서 가장 높은 유기농 식품 시장 점유율이다. 유기농 식품은 유제품 비중이 가장 높고, 그다음에는 과일 및 채소의 순서이다.

_ 브릿지경제 2020년 5월 21일 기사

소비자와 농부, 정책은 서로 영향을 주고받는다. 덴마크 정부는 1980년대부터 유기농 생산으로 전환하는 농부들에게 보조금을 지급했다고 한다. 이렇게 정부 주도 아래 유기농 육성 정책이 시행되자 소비자들은 유기농 제품을 더욱 신뢰하게 되었고, 이제는 유치원, 병원 같은 공공 기관의 급식 식재료 60퍼센트 이상이 유기농 식품으로 바뀌고 있다.

생태계의 순환을 생각하는 친환경 농법은 분명 병해충, 생산량,

작물의 상품 가치 등의 문제에서 자유로울 수 없는 어려운 방식이다. 하지만 아버지의 농사 방식이 조금씩 바뀌고 있는 것을 보면 그 가치를 모르는 농부는 없을지도 모르겠다는 생각이 든다. 어쩌면 60년 차 농부인 아버지도, 11년 차 농부인 나와 남도도 같은 바람을 품고 있는 게 아닐까? 이는 농촌 문화가 생산자와 소비자 모두가 만족할 만한 방향으로 흘러갔으면 하는 바람이다.

사과나무를 잘 키워 열매를 얻으려면 못해도 1년에 아홉 번은 농약을 사용해야 한다고 말한다. 그 말을 듣고도 우리는 사과에 농약을 칠 수 없었다.

작은 움직임이 만들어 내는 변화

　식량 위기를 둘러싼 다양한 논쟁을 다룬 책 《굶주리는 세계》에서는 에너지 의존도가 높은 농업 방식과 자족적인 농업 방식의 차이를 설명하기 위해 80년대 후반 북한과 쿠바의 사례를 비교했다. 두 나라는 사회주의가 붕괴하기 전에 러시아(구 소련)와 중국에서 석유나 기타 물자를 싼값에 들여올 수 있었다는 공통점이 있다. 게다가 북한은 땅속에 묻힌 석탄 자원이 풍부했고 대형 댐을 동력으로 얻는 수력 전기량도 상당했다. 이런 이점 덕에 북한은 한국 전쟁 이후 남한보다 빠르게 수리화(홍수 및 가뭄 피해를 막기 위한 관개·배수 체계를 갖추는 일—편집자), 화학화, 전기화, 기계화를 구축했다. 이렇게 사람이 아닌 다른 방법으로 노동력을 절감하는 농업을 '생력 농업'이라 부른다. 일찍부터 생력 농업을 시작한 북한은 농업 면적당 화학비료 사용량이 크게 늘면서 쌀과 옥수수를 안정적으로 생산하게 된다. 식량 자급이 가능해진 것이다.

그러나 이런 식의 에너지 집약적 농업(농산물을 생산할 때 들이는 요소 가운데 에너지 집중도가 높은 방식—편집자)은 한계에 부딪혔다. 화학비료의 무분별한 사용으로 이미 토양 지력이 고갈된 북한은 농업 생산량이 정체하기 시작했다. 그러자 북한은 산비탈에 옥수수를 재배하거나 밀식재배(빽빽하게 씨를 뿌리거나 모종을 심는 방법—편집자) 등의 방식을 권장했다. 그 와중에도 화학비료 사용은 계속되었다. 결국 북한의 농경 면적은 대부분 토지가 약해져 자연재해에 취약한 땅이 되었다. 1989년 이후 사회주의가 무너지자 문제는 더 심각해졌다. 석유를 들여올 수 없게 되자 전기 생산이 줄었고, 화학비료 사용량도 줄어들었다. 에너지 의존도가 지나치게 높았던 북한의 농업 시스템은 농산물 생산량 하락이라는 결과를 가져왔다. 문제는 여기서 끝나지 않았다. 부족한 연료를 보충하기 위해 대규모 산림 벌채가 이뤄졌는데, 1995~1997년에 연이어 가뭄과 홍수가 발생하면서 북한의 자연 시스템은 거의 붕괴하다시피 무너졌다. 당연히 식량 위기가 찾아왔다.

이제 쿠바의 사례를 살펴보자. 1989년 이후 사회주의권 국가들이 무너지면서 쿠바는 가장 먼저 무역 시스템이 붕괴했다. 식량과 농화학 자재를 수입할 길이 막히자 농산물 유통 시스템, 교통 시스템이 모두 마비되었고 심각한 식량 위기도 찾아왔다. 쿠바는 이 시기에 자족적인 농업 방식을 건설하겠다는 쪽으로 방향을 틀어 필요한 정책을 마련하기 시작했다. 농부들에게는 수확물의 가격 안정을 보장하기로 했고 농업 생태 기술을 널리 보급했다. 무역 봉쇄, 식량 부족이라는 암담한 상황에서 시작된 일이지만 농민 시장이 개설, 확대되면서 농산물의 가치는 오히려 올라갔다. 당시에는 고갈성 에너지의 의존도가 높은 대규모 국영 농장보다 소농이나 협동조합의 농장이 생산량이 높았는데, 국가는 이때 과감한 토지 개혁을 실시했다. 투입이 많은 대규모 국영 농장을 사회 구성원들에게 분배해 생산 단위를 최소한으로 축소했고, 지역 자원을 활용한 저투입 유기농 농업 방식으로 전면 전환했다. 줄어든 생산 단위를 대비해 도시농업을 확대하는 정책도 펼쳤다. 농촌뿐 아니라 도시에서도 텃밭, 공원, 옥상 등 어디에서나 쉽게 농사를 지을 수 있게 한 것이다.

나는 쿠바의 사례를 보면서 때로는 거대 조직보다 작은 연대가 더 큰일을 이루기도 한다는 사실을 느낀다. 그리고 농촌 경제의 안정화가 사회 구조를 어떻게 뒷받침하는지도 새삼 깨닫는다. 아마도 우리 가족이 소농이기에 더 공감하는 것인지도 모르겠다. 아직 꽃비원을 하나의 모델로 소개하기에는 부족함이 있지만, 누군가에게는 소농의 다양한 방향 중 하나로 보일 수도 있지 않을까? 그렇게 생각하면 시골에서 농사를 지으며 다른 일도 해 보고 싶은 이들에게 좀 더 좋은 사례로 남고 싶다는 욕심도 든다. 우리나라는 의료, 교육, 문화, 경제 등 많은 부분이 서울 수도권에 집중된 사회이지만, 소도시와 작은 시골 마을에서 각자의 방식으로 살아가는 모델이 조금씩 늘어난다면 지금과는 다른 새로운 농촌 문화가 시작되지 않을까?

서로 다른 직업군과 느슨한 연대

인스타그램에서 #nofarmnofood #knowyourfarmer 등의 해시태그를 검색해 보면 꽃비원과 신념, 생각이 비슷한 사람들을 세계적으로 만날 수 있다. 그 나라, 그 땅에 직접 찾아가지 않아도 각국에서 활동하는 농부들의 모습을 간접적으로 보게 된다. 가끔은 우리가 새롭게 기획한 일들이 지구 어딘가에서 이미 실행되고 있다는 사실에 놀라기도 하고, 우리가 올린 정보가 다른 누군가에게 도움을 주는 모습을 바라보기도 한다. 온라인으로 세계의 거리는 이렇게나 좁혀졌는데, 우리가 가치를 나누고 함께 발전해 갈 그룹은 어디에 있을까?

농촌에는 뜻이 비슷한 사람들이 모인 여러 단체가 있다. 이 단체들은 농민의 경제적·정치적·사회적 이익을 대변하기 위해 존재한다. 농부들은 의무처럼 이런 단체에 가입한다. 그런데 오래된 조직은 간혹 해결되지 않은 병폐를 끌어안고 있고, 새로 생겨난 조합이나 재단은 조직의 존재 목적이나 활동 목표보다 정부 지원 자체에 더 무게를 두기도 한다.

농민 단체나 협동조합과 같은 조직이 아니더라도 농업기술센터에서 연이 닿는 농부들도 있다. 센터에서 교육을 받으면 과정이 끝난 뒤 수강생들끼리 품목별로 연구회를 만들어 활동하는데, 사과, 수박, 딸기 등 작물 이름을 딴 연구 모임이 형성되는 식이다. 이 과정에서 농촌문화체험이나 6차 산업, 치유농업 등 농업의 미래지향을 고민하는 모임이 만들어지기도 한다. 농촌 문화 트렌드에 맞는 신규 과목이 개설될 때는 반가운 마음에 수강하지만, 가끔은 기능적인 내용, 방대한 정보를 주입식으로 전달하는 방식 등에 아쉬운 마음이 든다.

한 예로 농산물 홍보에 관한 교육이 진행된다고 하자. 블로그 운영, 소셜 마케팅 교육, 라이브 커머스 교육 등 시대에 맞게 교육 과정이 진화하고 있지만, 한편으로는 소비자와 왜 소통해야 하는지, 소통하려면 어떤 방식으로 대화를 시도하면 좋을지와 같은 근본적인 가치가 더 다뤄졌으면 하는 갈증이 생긴다. 농가, 농산물을 홍보하는 일은 일반 재화와 다르게 농부의 진정성을 표현하는 수단이 되었으면 한다. 그래서 농부의 생각을 잘 정리할 수 있는 글쓰기 수업, 자신에게 적합한 홍보 플랫폼 찾기 등의 수업이 선행된다면 농부가 자신만의 가치관을 세울 때 더 유용한 정보가 될지도 모른다. 지금도 블로그가 더 익숙한 사람이 있고 손쉽게 소셜 계정을 활용하는 사람이 있듯이 트렌드라고 해서 모두가 그 길을 따라갈 필요는 없다.

농촌을 둘러싼 다양한 단체와 교육 모임에 참석하는 구성 중 상당 비율은 그 지역에서 부모 세대부터 대대로 농사를 지어 온 사람들과 청년 후계농들이다. 새로운 인구 유입이 적은 농촌에서 매번 비슷한 사람들이 모여 활동 및 교육 모임을 진행하니 큰 변화를 이끌기에는 어딘가 아쉬운 부분이 있다. 농부들이 저마다의 방식으로 농작물을 키우는 것처럼 농촌에는 이제 다른 역할을 할 다양한 직업군의 사람들이 모여야 할 때라고 생각한다. 그리고 나는 그렇게 결성된 조직을 '느슨한 연대(weak ties)'라고 부르고 싶다.

느슨한 연대는 21세기 이전 세대가 중요하다고 배워 왔던 '끈끈한 연대'와는 반대 지점에 있는 개념으로 2020년대 라이프 트렌드 키워드 중 하나였다. 산업화, 도시화, 핵가족화 같은 현상이 연달아 일어나면서 이제 사람들은 집단주의보다 개인주의를 더 익숙하게 받아들이게 되었는데, 느슨한 연대는 그런 사회에서도 혈연 중심의 관계를 대체할 만한 다른 연대가 필요하다는 관점에서 출발했다. 결혼이나 출산 같은 제도를 따르지 않는다는 말이 철저하게 고립되겠다는 뜻은 아니니 말이다. 나는 이 트렌드 키워드를 농촌을 중심으로 조직되는 그룹에도 적용할 수 있으리라 생각한다. 같은 가치관을 가진 사람들끼리 자발적으로 모여 각자가 가진 재능을 나누면서 관계를 유지하다 보면 누군가의 강요가 없었으니 쉽게 뭔가를 기획, 실행할 수 있다. 과도한 끈끈함을 요구하지 않으며 서로를 평가하거나 서열화해 움직이는 것도 아니라서 새로운 의견도 구축이 쉬운 것이다. 이런 느슨한 조직의 가장 큰 특징 또한 '서로 다름'에 있다.

일손과 가치를 두루 주고받기

마르쉐@에서 만난 배건웅 대표는 요리사 출신의 사업가다. 그가 이끄는 회사 '붓'은 요리하는 사람들을 위한 작업복, 작업화 등을 만든다. 꽃비원을 시작한 지 얼마 안 된 초보 농부일 때 그를 알게 되었는데, 그는 뜻이 맞는 요리사들과 식재료를 알아 가는 모임인 리스(LISS, Local·Ingredient·Seasonal·Simple) 프로그램을 기획하고 있었다. 리스 프로그램은 '우리가 먹는 식재료가 어디에서 와서 어디로 가는지 알아야 한다'는 취지로 만들어진 여행 형태의 모임이다. 참여자인 요리사들은 생산지에 방문해 농부들을 만나서 식재료의 생산 과정 및 지역의 음식 이야기를 듣는다. 그리고 그 과정을 몸소 체험한다. 꽃비원은 그 시절 소비자와 직접 소통하는 생산자를 꿈꾸고 있었기에 이 프로그램에 생산자로 참여했다.

그렇게 1차 리스 프로그램은 논산에서 진행됐다. 프로그램을 마치고 나는 생각이 많아졌다. 그동안 여러 소비자 중 하나라고 생각했던 요리사가 어쩌면 농부와 다른 소비자를 잇는 연결자가 될 수도 있겠다는 마음이 들어서였다. 농경 사회가 시작되면서 사람들은 자연스럽게 농사짓고 요리하는 삶을 시작했다. 그 과정이 쌓이고 쌓이면서 인류의 식문화가 만들어졌다. 그런데 요즘은 어떤가. 즉석밥을 데우고 포장 용기에 담아 나오는 반찬과 국으로도 한 끼 식사가 가능할 정도로 식문화의 다채로움이 사라지고 있다. 농부와 요리사의 협업은 이 무너진 식문화를 다시 세우고 가꿔 가는 데 도움이 될 수도 있겠다는 확신이 들었다.

맛이라는 것은 지극히 주관적인 부분이지만, 애초에 맛의 경험이 적거나 자극적이고 편리한 방향으로 입맛이 길든 소비자들은 음식에서 큰 기쁨을 얻지 못한다. 그래서 풍미에 둔감해지고 밥 한 끼를 먹어도 품질에 큰 신경을 쓰지 않게 된다. 음식이나 끼니를 이렇게 별것 아닌 것으로 치부하는 소비자가 늘수록 요리의 다양성은 사라지게 될 것이다. 공상 과학 영화의 한 장면처럼 알약 몇 개로 식사를 마치게 되는 날이 정말로 올지도 모른다.

다른 방식으로 생산자와 소비자를 연결하는 팀도 있다. 공씨아저씨네와 농사펀드, 둘러앉은밥상, 곡물집은 좋은 생산자가 수확한 믿고 먹을 수 있는 농산물을 소비자에게 소개하는 일을 한다. 어떻게 보면 이들은 농산물을 유통하거나 농촌과 도시를 연결하는 기획자로 활동하니 서로를 경쟁자로 여길 수도 있다. 그런데 자신들이 같은 취지를 가지고 있다는 부분을 더 크게 해석해 오히려 협력 관계를 구축했다. 생산지에 찾아가 농부를 직접 인터뷰한 뒤 식재료에 관한 정확한 정보를 정리해 소비자에게 전달하기로 한 것이다. 대신 식재료의 유통과 기획, 브랜딩 등은 각자의 방식으로 진행한다. 농부가 직접 하기 어려운 부분을 도와주는 이런 역할도 도시와의 연결이 주요 과제인 시골에서 꼭 필요한 연대가 아닐까 싶다.

비슷한 맥락으로 우리처럼 소규모로 농사를 짓거나 이런 삶을 꿈꾸는 친구들과 '소농 모임'을 꾸리거나 직접 그들의 농장을 찾아가 보기도 했다. 소농은 흔히 소규모 가족 단위로 농사를 짓는 사람을 의미한다고 알려졌다. 하지만 《소농은 혁명이다》라는 책에서는 이렇게 농사 규모만으로 대농, 중농, 소농을 나누는 방식을 '틀렸다'고 그렇다고 '맞다'고 할 수도 없다고 말한다. 만약 유럽이나 미국처럼 땅덩어리가 큰 나라 농부가 '규모'라는 절대적 기준으로 한국의 농가를 구분한다면 모두 소농에 속할 수도 있기 때문이다. 그러면서 소농의 기준을 새롭게 제시한다.

> 소농은 철 따라 씨앗을 뿌리고 그 지역의 제철 음식으로 밥상을 차리며 핵에너지나 석유에너지 의존을 줄이거나 벗어나서 몸에너지, 자연에너지, 가축에너지를 더 소중하게 여기는 농사법이다. (중략) 논과 밭, 식구와 이웃, 가축과 농기구 등이 균형을 잘 맞춘 농사다. 모자라서 전전긍긍하지도 않고 남아서 흥청망청하지도 않는다. 자연에서 빌려 쓰고 자연으로 돌아가는 농사다.
>
> _《소농은 혁명이다》 전희식 지음

책의 저자인 전희식 농부는 장수에서 자연 재배 방식으로 농사를 짓고 있다. 그는 소농에게는 순환하는 삶, 자립하는 삶, 공동체적 삶이라는 세 가지 정신이 반드시 필요하다고 말한다. 실제로 마르쉐@에서 만나 지금까지 소농 모임을 이어 오고 있는 풀풀농장, 종합재미농장은 우리처럼 자립하는 삶과 농사 방식에 고민이 많은 편이다. 풀스런농부, 솔솔솔농장, 너멍굴농장처럼 직접 찾아가 교류한 소농들도 마찬가지다. 꽃비원이 투입이 거의 없는 방식으로 농사를 짓고 수확물을 얻으려 애쓰는 것처럼 그들 또한 농사뿐 아니라 의식주 생활 속에서도 소모나 소비가 적은 삶을 지향했다.

우리는 각자 다른 지역에서 살면서도 때때로 만나서 우리가 사람들에게 보여 주고 싶은 농업의 가치가 무엇인지를 찾아가고 있다. 이런 만남은 소농인 우리가 더 긍정적으로 나아가기 위해 어떤 방법이 있는지를 모색하게 한다. 가장 중심이 되는 대화 주제는 '소농으로 살아가면서 어떻게 자립할 수 있을까?'이다. 농사를 지으면서 농부, 우퍼, 다른 분야의 소규모 생산자들을 종종 만나게 되는데, 꼭 일손을 돕는 형태가 아니어도 가치적 측면을 나누는 품앗이가 이뤄지면 더없이 뿌듯하다. 그리고 흔들리던 내 안의 기준이 명료하게 정리됨을 느낀다.

농부는 자신이 가는 방향을 알아야 한다

　아주 오래전에 만난 선배 농부와 농약에 관한 이야기를 나눈 적이 있다. 자연스럽게 등장한 다음 화제는 농촌의 고령화 문제였다. 이 고령화가 농약과 떨어질 수 없는 관계라는 것이다. 요지는 나이 든 어르신들은 예초기를 들고 여러 번 풀을 벨 여력이 없어서 논둑에 약을 칠 수밖에 없다는 얘기였다. 농부들의 체력, 그중에서도 농촌 여성의 건강 상태를 살펴보면 중년 이후에 이들은 요통과 관절염, 농부증(오랫동안 농사일을 해 온 중년 이후 농민에게 나타나는 증후군으로 대표적인 증세가 두통, 어깨 결림, 귀 울림, 가쁜 호흡 등이다―편집자) 등 다양한 아픔을 겪는다. 이들에게 건강한 먹을거리를 위해 당장

농약 사용을 중단하라고 그 누가 말할 수 있겠는가.

　모든 것을 손으로 해야 했던 과거 농업 방식과 다르게 이제 드론이 농약을 살포하는 시대에 이르렀다. 실제로 이 기계를 사용해 본 나이 든 농부들은 잠깐 사이에 농약을 싹 뿌려 주는 이 기계를 진심으로 반기고, 여력이 되면 구비하고 싶어 한다. 이런 상황이니 모든 농가가 유기농산물을 생산할 수는 없다. 제초제나 방제약 등을 사용해 수확한 농산물을 무조건 폄훼할 수도 없는 노릇이다. 다만 농부의 여건과 상황이 다르듯 소비자도 그럴 것이라는 상호 이해는 필요하다. 요리할 사람이 농산물을 고를 때 식재료의 가치를 충분히 생각해 소비를 결정한다면, 그리고 건강한 재료를 찾는 흐름이나 기준이 보편화된다면 농산물과 소비자의 거리는 더 좁혀질 수 있다.

　물론 소비자가 농산물을 고를 때 품질이나 생산 방식을 살필 수 있는 인증제도가 존재하기는 한다. 그렇지만 이 인증제도는 수확물에서 잔류농약 성분이 검출되는지 아닌지에 초점을 두고 있어서 불검출 요건만 맞으면 인증을 받을 수 있다. 농가가 모든 소비자와 직접 소통할 수 없듯이 농산물 인증제도 역시 농가의 모든 것을 마크 하나로 설명할 수는 없다는 얘기다. 현재 우리나라에서 통용되는 인증 마크는 유기농, 무농약, 무항생제, 동물복지, 농산물 우수 관리 인증(GAP) 등으로 다양하다. 하지만 이 마크는 농사짓는 방법이나 수확의 전 과정을 보는 게 아니다 보니 인증제도의 기준에 벗어나지 않도록 정부에서 허용한 투입재(농산물을 생산할 때 투입하는 원료나 재료로 유기농업 자재, 농약, 사료, 종묘, 포장 재료 등이 있다—편집자)를 사용해 키웠을 수 있다.

친환경 농산물 인증제는 크게 유기농, 무농약으로 나뉜다. 예전에는 저농약도 구분했지만, 이제는 폐지됐다. 유기농 인증은 3년 이상 농약과 화학비료를 사용하지 않고 재배한 농산물에 부여된다. 대부분 친환경 농가에서 인증을 신청해 마크를 부여받고 생협이나 유기농 전문 매장이나 학교급식 시설로 유통된다. 이런 특정 매장에 납품하려면 생산량을 맞춰야 하므로 유기농업 자재를 사용해 농사를 짓게 된다. 효과가 조금 약하더라도 농약 대신 천연 성분의 방제약을 쓰고, 생분해 멀칭 비닐, 온실 등의 시설을 갖추기도 한다. 고정 납품을 위해서는 어쩔 수 없는 최소한의 선택이다.

무농약 인증 마크는 살균제, 살충제, 성장 촉진제 등의 농약은 사용하지 않고, 화학비료는 권장 시비량의 3분의 1 이내로 최소화해 작물을 생산한 제품에 부여된다. 이런 농가는 토양에 유기물이 부족해 농사짓기에 척박하면 소량의 화학비료를 사용해 생산량을 유지할 수 있다. 참고로 농약이 작물이 자랄 때 방해되는 병해충과 잡초를 없애고 상품성 있는 결과물을 얻도록 도와준다면 화학비료는 땅에 부족한 유기물 함량을 인공적인 방식으로 주입하는 것이다. 수경재배나 양액재배처럼 토양 없이 비료를 물에 섞어 키우는 경우, 기본적으로 화학비료를 사용한다는 전제가 깔린 것이기에 유기농 인증을 받을 수 없고 무농약 인증은 조건이 맞으면 가능하다.

이처럼 유기농과 무농약의 가장 큰 차이는 땅의 상태에 있다. 무농약 인증은 땅 자체가 척박해 농사짓기에 부적합하면 화학비료로 토지의 유기물 함량을 높인 뒤 농사를 지을 수 있다. 하지만 유기농 인증을 받고자 한다면 3년 이상은 땅에 농약, 화학비료를 사용하지 않은 채 농산물을 재배해야 한다. 그렇게 해야 잔류농약 성분이 검출되지 않는 땅으로 되돌아갈 수 있다. 유기농을 결심한 농부는 긴 시간을 투자해 토양을 관리하고 유지하면서 그동안에는 생산을 어느 정도 포기해야 하는 셈이다. 참고로 우리나라 유기농 경작 면적률은 전체 농업 면적 중 2퍼센트대이다.

절충하면서 나아가기

농부들 사이에서도 친환경 인증제를 농업 과정 전반을 살피는 형태로 가져가야 한다는 목소리가 많이 나온다. 유기농을 고집하는 농부여도 인증 결과에 초점을 맞추다가 '잔류농약 성분만 안 나오면 되지'라는 안이한 생각에 잘못된 농사 방식을 택할 수도 있기 때문이다. 그리고 주변 환경 때문에 몇 년째 유기농 인증을 받던 농가가 인증이 취소(인근 공장, 골프장, 도로 등의 시설에서 잔류농약 성분이 날아와 밭이나 작물을 오염시킨 경우)되기도 한다. 이럴 때 농부는 친환경 재배 방식 자체를 완전히 포기하고 관행농으로 되돌아갈 확률이 높다.

덴마크의 경우, 2년 동안 유기농작으로 관리한 밭에서 수확한 농산물만이 유기농 인증 마크를 달 수 있다. 포장과 라벨 작업 과정도 평가 항목의 일부여서 소비자는 이 마크를 단 제품을 무한 신뢰한다. 그에 비해 한국 소비자들은 인증제에 얽힌 한계점을 자세히 알지 못해서 자신이 진짜 원하는 농산물을 선택하지 못할 확률도 있다.

우리나라 친환경·유기농 농업의 입지는 자급자족 농사 방식에 대해 일찍 고민을 시작한 유럽이나 오스트레일리아 대륙에 비해 낮은 수준이다. 그러나 그 나라들도 유기농 농산물의 공급이 수요만큼 확대돼 상품 가격이 안정되기까지 과도기를 겪었다. 이때 공급량을 늘리는 데 큰 공을 세운 정책은 가족형 소농, 유기농 전환 농가에 지원금을 준 것이었다. 지구 온난화와 환경 위기가 심각해질수록 석유 자원 낭비가 심각한 농업을 그대로 둘 수는 없었을 것이다. 그러니 대책이나 정책 또한 환경 친화적인 방법으로 이어졌던 것 같다.

물론 농부에게 대농, 시설농, 무농약, 유기농, 소농 중 '이게 맞다' '저건 틀리다'라고 가르치며 한 가지 방식만을 강요할 수는 없을 것이다. 인풋과 아웃풋의 대비가 뚜렷한 자본주의 사회에서 먹고사는 일보다 가치를 지키는 일이 더 중요하다고 그 누가 말할 수 있겠는가. 다만 내가 선택한 농사짓기 방식과 행위가 어떤 결과를 가져오는지를 인식하는 일은 농부에게 매우 중요한 과제이다.

초기 국가가 형성되기 이전에 정착민들은 한 곳에 뿌리를 내리려다 붕괴해 이동하고, 다른 곳에서 뿌리를 내리려다 또 실패해 터전을 옮기는 과정을 반복했다. 농경 및 정착 사회를 연구하는 학자들은 이 과정이 적어도 5~7천 년 정도 이어졌을 것이라 짐작한다. 정착민들이 국가를 세우지 못하고 터를 옮겨야 했던 원인이 무엇일까? 바로 전염병, 삼림파괴, 지력 고갈 및 땅의 염류화이다. 기원전 정착민들을 농사를 짓고 가축을 기를 때, 기념비적 건축물을 세우거나 물자를 나를 때 목재를 상당히 많이 사용했다. 노동을 줄일 방편으로 오랜 시간 주변 삼림을 파괴하면 마을은 물에 잠기거나 진흙이 쌓이기 쉬운 구조가 된다. 물이 고여 습해지면 각종 질병이 끊이지 않는다. 기원전 시대나 지금이나 본질은 다르지 않다. 자연재해에 취약한 땅이 되면 농사를 짓거나 정착 생활을 하는 것은 불가능해진다.

덴마크나 쿠바가 농업의 위기를 국가 차원에서 극복하려 했던 이유도 농부 개개인에게 농업 방식이나 형태를 강요할 수 없다고 판단했기 때문인지도 모른다. 그래서 유기농 재배 면적 자체를 늘리려는 시도는 그 자체로 의미가 있다고 생각한다. 절충 방식으로 유기농 농사를 짓고 있는 그래도팜을 예로 살펴보자.

강원도 영월에서 토마토 농사를 짓고 있는 그래도팜은 40여 년간 유기농법으로 운영된 시설농(1천8백여 평)이다. 현재는 아들인 원승현 대표가 농장을 맡고 있지만, 이미 40여 년 전에 아버지가 유기농 방식의 농사를 고집했다. 농약을 칠 때마다 몸 상태가 안 좋아지는 어머니 때문이었다고 한다. 그때부터 농약과 화학비료를 사용하지 않고 참나무껍질, 쌀겨, 미생물에 계분(닭 배설물)을 섞어 발효한 퇴비로 땅을 관리했다. 물론 처음부터 농사 과정이 수월했던 것은 아니라고 한다. 땅이 회복되고 생산량이 충분히 나오기까지 거의 10년이 걸렸고, 예측하기 어려운 기후 때문에 하우스 시설을 절충안으로 가져가고 있다. 지금은 그래도팜에서 수확한 토마토의 참맛을 알릴 개인 소비자를 확보하고자 노력하고 있다.

농부는 작물 큐레이터

친환경·유기농 농사를 짓는 농부는 직거래와 같은 판로를 끊임없이 고민한다. 이 또한 유기농 면적률이 낮은 것과 자연스럽게 연결된다. 친환경으로 농사짓는 농부들이 생협에 고정 납품을 한다 해도 농약으로 대량 생산하는 대농(산업형 농부)을 이길 수는 없다. 특히 이상 기후로 생산량을 맞추지 못해 납품 계약이 결렬되기라도 하면 소비자를 직접 찾아 나설 수밖에 없다.

그런데 이런 움직임은 오히려 좋은 결과를 낳기도 한다. 친환경 농가가 소비자들과 직접 대면해 그들의 방향성을 지속적으로 홍보하면 소비자도 어느 순간 농부의 재배 방식과 철학을 이해하기 때문이다. 그런 긍정적인 소통이 조금씩 쌓이면 소비자는 인증제보다 더 확실한 농산물 구별법을 자연스럽게 익히게 된다. 소비자와 농부, 농부와 농사 방식 사이에 공통의 이해가 생기면서 견고한 관계가 만들어진다.

그래도팜 원 대표는 소비자 중에서도 셰프를 타깃으로 삼았다. 농사짓는 땅에 대한 믿음, 땅의 건강함이 곧 수확물의 맛을 결정한다는 자부심이 있었던 그는 유기농 토마토의 월등한 맛을 증명해 줄 사람들을 만나기 위해 꾸준히 마르쉐@를 찾았던 생산자 중 한 명이다. 농장에서 주문, 납품하는 양과 비교하면 그리 큰 수익이 아니었을 테지만, 이렇게 꾸준히 소비자들을 만난 덕에 장기적으로 그래도팜의 토마토는 더 특별해졌다. 수도권 유명 레스토랑에서 그래도팜의 토마토로 다양한 요리를 만들기 시작했기 때문이다.

과일이든 채소든 농약과 비료를 사용하지 않고 식물이 원래 갖고 있는 힘을 살려서 가능한 한 자연의 힘으로 키우려고 하다 보면 아무래도 모양이 보기 싫은 것, 구부러진 것, 작은 것, 벌레 먹은 것 등 B급 물건이 생기기 마련이다. 맛은 곧게 뻗은 오이에 지지 않을 만큼 맛있지만, 그런 채소를 파는 것은 매우 힘든 것이 현실이다. 요리로 만들면 아무런 문제도 없는데 말이다. (중략) 자연을 거스르지 않고 사람은 물론 환경에도 해를 끼치지 않는 농업을 목표로 하는 한, 못생기고 볼품없는 채소 문제를 어떻게든 해결하지 않으면 더 이상 앞으로 나아갈 수 없다는 것이 나의 생각이다.

_《따블로 오기노 채소요리 200》 오기노 신야 지음, 용동희 옮김

일본의 유명 셰프인 오기노 신야의 책 서문 뒤에 들어간 이 글은 10년 가까운 무수확, 무수입의 고난을 이겨내고 무농약, 무비료 원칙으로 사과 재배에 성공한 기무라 아키노리 농부가 썼다. 기무라 씨도 오기노 셰프에게 주기적으로 채소를 보내던 농부 중 한 명이었다. 유기농 농가의 가장 큰 과제인 상품성 낮은 채소, 과일로도 맛있는 요리를 만들어 내는 오기노 셰프는 소비자로서 농가와 처음 인연을 맺었지만, 더 많은 소비자에게 유기농의 참맛을 소개하는

다리 역할을 했다. 그래도팜과 셰프들이 유기농 토마토를 중심으로 맺는 관계도 이와 다르지 않다고 생각한다. 그리고 이런 움직임이 더 활발해졌으면 하는 바람이다.

꽃비원 또한 농장을 운영하면서 고마운 셰프들을 많이 만났다. 우리가 올린 농장 소식을 소셜 계정에서 본 요리사가 댓글을 달기 시작한 것이다. 당시에는 우리 농작물에 관심을 보이는 사람들이 그저 신기했고, 우리 부부도 요리에 관심이 많았기에 셰프들이 좋아할 만한 다른 작물들도 조금씩 키워 보기로 했다. 그때는 생 허브보다 말린 허브를 접하는 게 일반적이었다. 그래서 바질, 루콜라, 딜, 파슬리 등을 직접 수확해 소셜 계정으로 소식을 전했다. 마르쉐@에 출점할 때도 그 허브들은 셰프들에게 인기가 많았다. 그리고 그 계기로 식재료에 관한 다양한 이야기를 나눌 상대가 점점 늘어났다.

꽃비원은 유기농 인증은 받지 않았지만 친환경 방식으로 농사를 짓는다. 도시 소비자들이 언제든지 농사 활동(전통농업 방식)이나 농촌 문화 활동에 참여할 수 있도록 다양한 기회를 제공한다. 그리고 이들과 신뢰를 바탕으로 관계를 이어가려 노력한다. 그런 식으로 만난 소비자들은 감사하게도 농작물의 모양을 크게 신경 쓰지 않는다. 농부의 정성으로 자란 재료들이 어떤 맛을 내는지가 더 중요하니 말이다. 꽃비원 채소로 요리를 해 본 사람들은 역으로 농부에게 질문한다. 재배 방식에 따라 맛이 차이 나는 이유가 무엇인지, 시골에서는 흔하지만 도시 사람들에게 생소한 계절 작물로는 어떤 것들이 있는지… 이런 맛에 집중한 이야기가 오고 가면 우리는 답변하듯 꽃비원 소셜 계정에 소식을 꾸준히 전하고 마르쉐@에도 가져가 팔았다.

봄이 되면 장아찌를 담그거나 쌈에 올려 먹을 수 있는 쌉싸름한 오가피 순을 꺾는다. 원추리의 연한 순이 올라오면 살짝 데쳐서 먹는다. 밭 어디에서나 잘 자라는 돼지감자는 겨울 동안 지켜보다가 줄기가 마르면 땅속에서 캐내 구워 먹거나 썰어서 말린 뒤 볶아 돼지감자차로 만들어 본다. 이렇게 한국적인 계절 식재료를 소개하는 일도 잊지 않았다. 그러면 그 재료들이 요리사를 만나 새로워졌고 도시 소비자들은 제철 농산물에 더 관심을 기울였다. 이 일련의 과정을 여러 번 겪다 보니 자연스럽게 농부의 역할 하나가 더 추가됐다. 바로 작물 큐레이터. 꽃비원은 농부가 곧 '작물 큐레이터'라 생각하며 정성을 다해 채소를 키운다.

> **이상적인 농촌 공동체,
> 직접 만들어 볼까?**

아내와 가끔 우스갯소리로 그런 말을 한다. 시골에서 가장 정착하기 어려운 사람들은 우리처럼 기반 없이, 연고 없이 농사를 시작한 농부일 거라는 식의 이야기. 각종 지원 사업을 신청하려면 특정 시설(온실, 비닐하우스 등)의 유무, 재배 면적, 농산물 연간 수익 등이 필요조건일 때가 있는데, 부모님이 농사짓던 땅을 이어받은 청년 농부는 아무래도 유리한 부분이 있다.

나도 한때는 '부모님의 가업을 이으면 어떨까?' 고민한 적이 있다. 부모님은 당시 축산업을 하고 있었고 나는 고등학교에서 축산을 공부하고 있었으니 이런 고민은 매우 자연스러운 흐름이었다.

아버지 또한 내심 바라고 있을지도 모른다고 생각했다. 고등학교를 졸업하고 집 가까이에 있는 농업 전문대학에 들어갔다면 어쩌면 지금 나는 농업인 후계자가 되어 조금 더 안정적인 모습으로 생활하고 있을지도 모른다. 청년 후계농은 농촌에서 진행하는 다양한 영농 지원 사업에 참여할 기회가 많은 편이다. 청년 농업인 육성 정책에 기대 영농 정착 지원금을 3년 동안 지원받을 수도 있다. 여기에 농업회사 법인, 영농조합 법인에 속해 있으면 농자재 대여를 비롯한 다른 혜택도 기대해 볼 수 있다.

당시 고등학생이었던 나는 집에 돌아오면 학교에서 배운 내용을 부모님과 얘기하기를 좋아했다. 가족의 일원으로 축사 일에 보탬이 되고 있다는 자부심을 느꼈고, 내가 할 수 있는 일의 비중이 늘거나 배운 부분을 눈으로 직접 확인하는 과정도 좋아했던 기억이 난다. 귀농 이후 주변에서 부모님의 가업을 잇고 있는 청년 농부들을 볼 때면 '만약 졸업 후 서울로 가지 않았다면 나도 이런 모습이겠구나' 생각한다. 하지만 꽃비원은 생산보다 자급자족에 초점을 맞추고 최대한 자연의 섭리를 거스르지 않으려 애쓰는 소농이다. 그래서 시설 투자나 기타 투입을 조건으로 하는 지원 사업을 의식적으로 멀리하고, 처한 상황을 가능한 한 자체적으로 해결하려 노력한다. 불모지 같은 환경에서 농사를 지으면서도 외롭지 않다고 느꼈던 건 멀리 있어도 자주 얼굴을 비추던 친구들이 있었기 때문이다. 그들과 함께 도시와 농촌을 오가며 활동하다 보면 가끔 찾아오는 무력감도 금세 사라졌다.

그런데 코로나가 시작되고 다시 아무것도 없는 처음 상태로 돌아간 듯 마음이 어려웠다. 밖에 다니는 일조차 주저되던 시기에는 단절감이 꽤 컸다. 그동안 친구들과 주기적으로 열던 계절 마켓이나 요리 워크숍, 팝업 레스토랑은 수익을 떠나서 지역을 중심으로 관심사가 비슷한 다양한 사람들이 만나고 연결될 절호의 기회였는데, 그게 불가능해지자 박탈감이 온 것이다.

정부는 사회적 거리두기로 생활이 어려워진 소상공인들에게 분기별로 생활 지원금을 지급했지만, 그때 농민들은 한 번 정도 지원금을 받았다. 정착 자금으로 빌린 대출 상환 기간을 연장해 주기는 했지만, 농산물을 판매하지 못해 발생한 손실을 채우기에는 턱없이 부족한 금액이었다. 코로나에 가뭄, 홍수 피해까지 이어진 해에는 농부들의 절망감이 이만저만이 아니었다. 이렇게 농사로 생활을 유지할 수 없다면 소규모 농사를 짓고 자급하면서 다른 직업을 갖는 게 더 낫지 않나 하는 하소연이 자주 들릴 정도였다.

그즈음 마을을 오갈 때 자주 얘기를 나누는 재홍 아저씨네 하우스에는 대파가 가득했다. 학교급식 재료로 납품하려고 일찌감치 준비한 것인데 학교가 전면 휴교하면서 공급처가 사라졌기 때문이란다. 조금씩 파를 옮겨 로컬 매장 매대에서 판매하고 있었지만, 꽃대가 올라오면 밭을 다 갈아엎을 생각이라고 했다. 파는 봉오리 모양의 꽃대가 올라오면 제 할 일을 끝낸 것이다. 뿌리 부분에서 새로운 대파가 올라오고 나머지 부분은 질기고 억세진다. 많은 양의 대파를 저장하기 어려운 상황이라면 빨리 포기하고 다른 작물을 심는 게 훨씬 효율적이다.

    마침 공주로 귀농한 선배(쌈박스 이충일 대표)가 떠올랐다. 선배는 쌈 채소를 온실에서 연중 생산하고 있는데, 직거래로 판매하는 회원들 목록이 있어서 종종 주변 농가의 농산물을 대신 소개하기도 한다. 선배에게 재홍 아저씨네 상황을 얘기했더니 선뜻 도움을 줬다. 상황을 이해한 소비자들도 공감하며 십시일반 주문해 줬고, 이틀 만에 대파 수량이 모두 소진되어 기쁜 마음으로 포장해 택배를 발송할 수 있었다.

> 사람들은 흔히 거대 조직이 피할 수 없는 현상이라고 말한다. 그러나 좀더 살펴보면, 거대 조직이 생겨나자마자 그 내부에서는 곧바로 작은 조직을 만들려는 노력이 나타난다는 사실을 알 수 있다. 제너럴 모터스 사에서 슬론(Sloan, 1923년에 이회사에 사장이 된 인물)이 이룩한 업적은 이 거대한 기업을 상당히 작은 규모의 회사 연합체로 구조조정한 일이다. (중략) 실생활과 그리 가깝지 않은 이론가들은 대부분 아직도 대규모라는 우상숭배에 빠져

있지만, 현실세계의 실무자들은, 가능하다면 소규모 조직의 민첩성, 인간미, 유연성(manageability)을 이용해서 이익을 얻고자 갈망하고 노력한다.

_《작은 것이 아름답다》 E. F. 슈마허 지음, 이상호 옮김

작은 단위의 조직과 조직이 만났을 때 낼 수 있는 특유의 에너지가 있다. 그래서 농촌에 속해 살아가다 보면 '농촌 공동체를 회복해야 한다'는 계몽성 짙은 문구가 가끔은 더 직접적으로 다가온다. 재홍 아저씨네 대파 사건처럼 누구든 자기 일처럼 내 일을 걱정하고 고민해 주는 이웃 농가(소규모 조직)가 있으면 예고 없이 닥친 위기를 그나마 유연하게 넘어갈 수 있다. 하지만 공동체에 대한 필요성보다 부담감을 먼저 느끼고 마는 젊은 세대에게는 다른 방식의 접근이 필요하다는 생각도 든다. 그래야 그들이 시골을 도시 대안 공간으로 떠올릴 수 있을 테니 말이다.

소규모 조직, 오늘도 열어 둡니다

코로나가 절정이던 시기, 우리 집은 재홍 아저씨네와는 상황이

조금 달랐다. 작물을 팔지 못해 오는 손해보다 공간을 찾는 사람들이 줄어들어 힘들었다. 동네 주민보다 여행하는 사람들이 주로 찾는 곳이다 보니 방문객이 한 명도 없는 날도 더러 있었다. 그러는 동안 코로나 상황은 시시각각 달라졌다. 전국적으로 대유행할 때도 있었지만 그때가 지나면 또 한동안은 확산세가 누그러졌다.

코로나 상황이 좀 풀리면서 다시 우퍼들이 농장을 찾기 시작했다. 우프는 국내외 제한을 두지 않고 농장과 우퍼를 연결해 주는데, 코로나로 국경을 넘는 일이 어려워지자 많은 젊은 친구들이 해외 대신 국내 우프 호스트 농가로 눈길을 돌렸다. 우핑으로 더 넓은 세상을 둘러보고 싶었던 친구, 회사가 재택근무로 전환되면서 참여하게 되었다는 친구, 회사가 어려워져서 휴식기를 보내고 있는 친구 등 각자 다른 사정이 있었다.

다양한 경험을 쌓고 싶은 이십 대, 그동안의 경험을 바탕으로 앞날을 계획하려는 삼십 대, 그들 무리 속에서 나는 사십 대를 보내고 있었다. 과거 방황의 연속이었던 내 청년 시절과 비슷한 시기를 보내고 있는 우퍼들을 보면서 나의 현재를 돌아봤다. 내가 맺고 있는 크고 작은 관계나 활동들이 어떤 의미일지, 농촌에서 자급자족하며 소박하게 사는 삶을 남들은 어떻게 볼지… 코로나 시기를 거치면서 나는 우리의 삶이 틀리지 않았다고 확신했다. 기존 사회 시스템이 멈췄을 때 거대 조직에 속했던 사람들은 대부분 패닉에 빠졌다. 그런 느낌을 단 한 번도 받지 않았다면 거짓말이지만, 적어도 농부는 아침에 눈을 뜨면 반드시 해야 할 일이 있다. 그렇게 묵묵히 땀을 흘리고 나면 우리가 아직은 주체적으로 나아가고 있다는 생각이 들어 안심한다.

    우핑을 하러 꽃비원에 들른 친구들은 주로 농장과 키친에서 우리 가족과 함께 일한다. 지역 행사나 공동체 모임이 있을 때는 함께 참여할 수도 있다. 인스타그램으로 알게 된 영민 씨(공간 사부작 운영자)는 주로 키친을 오픈하지 않는 월, 화요일에 농장에 다녀갔다. 처음 꽃비원에 온 날은 양파와 마늘을 함께 수확했다. 이듬해 6월(2021년)부터 한동안은 매주 월요일 서울에서 첫차를 타고 내려와 농장에서 일하고, 화요일 오후에 다시 올라가는 생활을 반복했다. 돌아갈 때는 그녀가 운영하는 공간에서 사용할 채소를 장바구니 가득 담아 갔다. 공간 사부작은 식재료의 맛을 경험할 수 있는 워크숍과 원테이블 식사를 예약제로 운영하고 있다. 채소, 발효음식, 술, 소금 등 주제가 바뀌면 메뉴도 다시 구성한다. 이 시기 우리는 영민 씨가 오는 월요일을 기대하며 기다렸다. 이번에는 어떤 요리를 했는지, 사람들 반응은 어땠는지를 듣다 보면 그것 자체로도 많은 공부가 됐다. 오랫동안 식재료에 대해 공부 중인 영민 씨가 꽃비원을 찾은 이유는 밭작물을 더 알고 싶어서였다. 하지만 그 덕에 우리의 세계도 덩달아 폭넓어졌다.

함께 마르쉐@에 출점하고 각자 개인 농가 꾸러미를 운영하는 친구들과는 '풀꽃잼 꾸러미'를 준비한 적이 있다. 이는 코로나로 마르쉐@가 한동안 휴장을 결정했을 때 풀풀농장, 꽃비원, 종합재미농장이 같이 준비한 연합 꾸러미의 이름이다. 마르쉐@에 출점하면 소비자를 직접 만나 수확물을 팔 수 있지만, 시간적 여유가 부족해 멀리 서울로 나가기 어려울 때는 비정기적으로 농산물 꾸러미를 기획해 주문 판매하곤 한다. 하지만 정기 회원을 늘리는 일은 늘 숙제처럼 어렵기만 하다.

우리가 꾸러미를 기획하기로 한 시기는 2020년 3월이었다. 하지만 3월은 수확하기에 조금 이른 시기라서 세 농가가 가지고 있는 제품 위주로 꾸러미를 구성했다. 풀풀농장은 가을에 수확한 조동지 쌀과 가래떡, 종합재미농장은 직접 만든 고구마생강잼, 가장 남쪽에 있는 꽃비원은 쑥, 원추리, 민들레 등 채집한 풀을, 그리고 각자의 마음을 담은 편지를 넣었다. 홍보 포스터는 현일(일러스트레이터)이가 직접 그려 줬다. 그리고 감사하게도 신청을 시작하고 얼마 되지 않아 인원이 다 차서 빠르게 발송 준비를 할 수 있었다.

> "봄을 마음껏 누리지 못하는 마음의 허기를 달래 줄 구호 식량이 도착했다. 그립던 흙의 기운이 채워진다. 함께 도착한 편지의 글귀가 너무 다정하고 따뜻해 몇 번씩 읽는다."

풀풀농장, 꽃비원, 종합재미농장 세 농가가 연합으로 꾸린 풀꽃잼 꾸러미. 새로운 형태의 농촌 공동체 덕분에 위기를 유연하게 넘길 수 있었다.

그때 부친 꾸러미를 받은 한 회원님이 소셜 계정에 짧은 기록을 남겨 줬다. 외출이 자유롭지 못한 시기, 꾸러미 상자는 누군가에게는 든든한 먹을거리와 봄의 기운으로 전달되었고, 우리 같은 농부에게는 든든한 수입이 되었다.

머리를 맞대면 재미있는 일이 벌어진다

외출이나 모임이 자유롭지 않았던 심각한 코로나 상황은 2년이라는 시간이 흐르면서 조금씩 나아졌다. 그러다가 2022년 3월부터는 일상이 바쁘게 흘러갔다. 내일의식탁(슬로푸드문화원), 곡물집, 둘러앉은밥상 팀과 함께 논산시 연산면에서 파머스 마켓을 기획해 운영하게 되었기 때문이다. 장소로 정해진 연산문화창고는 이제는 기능을 잃어 사용하지 않는 옛 곡물창고를 지역인들이 소통할 장소로 가꾸자는 취지로 새롭게 문을 연 재생 공간이다. 도시 시장 마르쉐@에 출점할 때부터 '농촌 지역에도 이런 형태의 파머스 마켓이 있다면 얼마나 좋을까'를 종종 생각했던 터라 준비하는 동안에도 기대에 부풀어 있었다.

마르쉐@를 보면서 시골과 도시의 인식 차이가 어디에서 오는지를 고민했던 날이 많았다. 그 이유는 시장을 찾는 손님들이 아무리 봐도 다양했기 때문이다. 매일의 식사를 준비할 때 이왕이면 제철 재료를 찾는 사람들, 레스토랑을 운영하는 요리사들 외에도 시장 문화 자체를 누리거나 데이트 공간으로 삼으려고 마르쉐@에 오는 사람들이 있었다. 채식을 고민하거나 실천하고 있는 젊은 세대에게도 이 시장은 꽤 의미 있었다. 우리가 기획해 선보이는 파머스 마켓도 다양한 세대가 자주 찾는, 생산자와 소비자가 더 긴밀히 연결되는 지역 직거래 장터로 자리 잡았으면 했다.

우리가 기획한 프로그램의 이름은 '연산미각학교'였다. 교육, 전시, 여행, 마켓 네 가지 기획 방향을 정하고 내일의식탁 팀은 어린이를 대상으로 하는 연산 맛놀이(미각 교육), 성인 대상의 논산@잇로컬, 식재료 유람단(미각 여행)을 준비해 진행했다. 연산 맛놀이는 어린이들의 오감을 활용해 미각을 깨우고, 미각의 수준과 표현력을 길러 주는 과정이다. 아이들은 감각이 열려 있어서 외부 자극을 받아들이고 다양한 경험이 쌓일수록 감수성이 풍부해진다. '논산@잇로컬'은 기획 주제에 맞는 생산지를 방문하는 일종의 미식 여행이다. 도시 소비자들은 식재료가 생산되는 과정을 직접 살필 수 있다. 만약 '발효'를 주제로 한다면 액젓, 술, 식초, 장 등을 생산하는 농가를 소개하고, 그동안 소비자들이 몰랐던 다양한 정보를 제공하는 워크숍을 진행하는 것이다. 수업을 마친 식재료 유람단은 직접 농가에 방문해서 재료 수확 과정에 참여하거나 품종별 맛보기, 가공한 음식 체험하기 등 현장 공부를 더 할 수 있다.

곡물집은 전시와 마켓(테이스트로컬@연산), 연산미각학교 전반의 브랜딩 작업을 담당했다. 전시는 제철 농작물, 가공품 등 지역 생산자를 잘 알릴 수 있도록 소개하는 과정이다. 둘러앉은밥상 팀과 함께 마켓의 운영 방침, 전체적인 구상 등을 기획·준비하고 홍보를 고민했다. 꽃비원은 매달 셋째 주 토요일에 열리는 파머스 마켓 '테이스트로컬@연산'을 맡아 운영했다. 마켓 내부에서 진행되는 요리 수업 등 소소한 이벤트도 같이 기획해 소비자들이 '연산문화창고에 오면 물건을 사는 것 말고도 다양한 경험과 배움, 만남이 있구나'라고 생각하기를 바랐다.

테이스트로컬@연산은 지역에서 열리는 장이기 때문에 더 가까이에 사는 생산자 및 소비자와 연결될 좋은 기회라고 생각했다. 이 시장을 장기적으로 운영한다면 내가 꿈꾸던 다양한 직군과의 연계로 새로운 농촌 문화 및 공동체를 형성할 수도 있지 않을까 내심 기대했다. 매달 시장을 열어서 그런지 실제로 단골손님도 생겼고 지역 청년 농부들은 소비자와 소통하는 즐거움을 알아 갔다. 다른 지역에서는 우리가 연 시장을 참고하러 견학을 오기도 했다.

하지만 아쉽게도 연산미각학교는 2022년 겨울을 기점으로 프로젝트가 종료됐다. 농부와 기획자는 이 프로젝트의 취지를 이해하지 못하는 관계자들을 오랜 시간 설득하며 여기까지 왔다. 끝내 합의점을 찾지는 못했지만 일단 시작했으니 다음 단계도 분명 있을 거라는 믿음은 있다. 작은 단위의 조직들은 언제든 다시 뭉칠 준비가 되어 있다.

매일 조금씩 새로워진다

팬데믹 시대를 겪으며 계절마다 느껴지던 생동감이 크게 와닿지 않을 정도로 무기력했던 날이 많았다. 상황을 덤덤하게 받아들이려 해도 마음처럼 쉽지는 않았다. 그때는 오히려 다른 때보다 손과 몸을 더 많이 움직이며 위안을 얻었던 것 같다. 인스타그램 피드를 넘겨보면 그 시기에 요리한 기록, 뭔가를 만들거나 고친 기록, 여행의 아쉬움을 농장에서 달랜 기억들이 마구 튀어나온다.

손님이 뜸하기도 했지만 정부 방침으로 키친 운영을 잠시 멈춘 시기가 있었는데, 그때는 '꽃비원 홈앤키친'의 재점검 시기로 보내기 위해 그간 못 챙겼던 부분을 들여다봤다. 당시 시간적 여유가 생긴 붓의 배 대표가 키친 컨설팅을 도와줬다. 공간을 재구성할 때는 식공간 디자이너 김민지 대표의 도움을 받았다. 테이블과 책장 위치를 바꾸고 주방과 홀을 구분할 가벽을 세웠다. 홀은 구역마다 서로 다른 분위기의 공간으로 연출했다.

가장 큰 변화는 메뉴였다. 배 대표는 꽃비원 농장에서 수확한 제철 재료로 만들기 좋은 스튜, 음료, 식사 메뉴를 추천해 줬고, 우리도 나름대로 새롭게 시도하고 싶은 메뉴를 구상했다. 레시피를 함께 정리하면 시간이 될 때 배 대표가 논산으로 내려와 요리 시연을 했다. 우리가 정한 메뉴는 포카치아였다. 포카치아는 이탈리아에서 식사용 빵으로 자주 굽는 메뉴다. 밀가루, 소금, 설탕, 이스트, 물, 올리브오일만으로 기본 반죽을 만들 수 있고 계절별 채소를 첨가하면 맛도 다채로워진다. 포장하기에도 좋은 메뉴라서 활용도가 높을 것 같았다. 만드는 법을 남도와 함께 배웠는데, 빵 만드는 일에는 내가 더 관심이 많았던 터라 이후에는 주방도 내가 맡게 되었다. 꾸준히 반복하며 변화를 시도했더니 감자 포카치아, 토마토 포카치아, 취나물 포카치아, 로즈마리 포카치아 등 계절에 어울리는 다양한 포카치아 레시피가 완성됐다.

시골 생활을 거듭할수록 '자급자족'이란 말을 더 폭넓게 이해하게 된다. 에른스트 슈마허가 쓴 《굿 워크》라는 책에는 '나는 아무 의미도 없는 치열한 경쟁에 뛰어들고 싶지 않다. 나는 기계와 관료제의 노예가 되어 권태롭고 추악하게 살고 싶지 않다. 나는 바보나 로봇, 통근자로 살고 싶지 않다. 나는 누군가의 일부분으로 살고 싶지 않다. 나는 내 일을 하고 싶다. 나는 좀 더 소박하게 살고 싶다'라는 구절이 등장한다. 꽃비원 키친을 처음 준비할 때 읽은 이 책은 '노동과 삶'에 대한 생각을 정리할 때 늘 도움이 된다. 자급자족은 삶에 필요한 모든 것을 스스로 공급할 수 있는 삶의 방식을 의미한다. 먹고 사는 데 필요한 식량뿐 아니라 살아갈 때 필요한 기술을 배우고 익히는 과정도 모두 자급자족의 자세이다.

이런 자급자족의 실천은 여유가 있어야 가능하다. 코로나 팬데믹이 경기 침체, 코로나 블루와 같은 부정적인 결과를 가져오긴 했어도 이를 계기로 삶의 방향성을 더 깊이 들여다보게 되었다면 조금은 다행스러운 일이다.

바쁘게 돌아가는 일상 속에서는 싫든 좋든 적응하는 데 가장 많은 에너지를 사용하게 된다. 그런데 외부 요소로 가던 길을 멈추었더니 그동안 바빠서 미뤄 뒀던 많은 일들이 보였다. 오랫동안 구상만 했던 하우스를 지었고 공구를 정리했다. 농장 한쪽에 퇴비장을 만들었고 닭장도 튼튼히 지을 수 있었다. 그리고 나무 묘목을 심으면서 몇 년 후 더 풍성해질 그 날을 상상했다.

묵묵하게 일하는 기쁨

우리 가족은 10년 동안 농사를 지으면서 매번 새로운 것들을 배우고 있다. 가치를 깨닫고 생소한 느낌을 경험하는 것을 뛰어넘어 사는 데 필요한, 자급자족의 완성도를 높이는 실재적인 재능을 익힌다. 《조화로운 삶》을 쓴 헬렌과 스코트가 말한 것처럼 '도시인들이 거의 알지 못하는 수없이 많은 재능을 다시 펼칠 기회'를 농촌에서 생활하며 얻는 기분이다. 나는 밭을 일구어 양식을 얻을 수 있고 집을 짓거나 고치는 일, 여러 시설과 도구·장비를 만들고 고치는 일을 할 수 있게 되었다. 그리고 꽃비원에서 키우는 작물을 누구보다 잘 알고 이해하는 사람, 이 재료들을 누구보다 맛있게 요리할 수 있는 사람이 나와 남도라는 자부심도 생겼다.

우리가 얻는 기쁨이 거대한 것은 아닐지라도 이렇게 묵묵하고 소소하게 생활하는 것이 좋다. 탁 트인 농장에서 일하다가 잠시 쉴 때는 아침에 싸 온 김밥을 먹으며 소풍 기분을 느낀다. 도시 생활로 지친 친구들이 찾아올 때 언제든 방을 내주고 맛있는 식사 한 끼를 차려 준다. 자연이 고픈 친구들이 삼삼오오 도시락을 준비해 농장으로 모이면 우리만의 근사한 포틀럭 파티가 열린다.

글로 이렇게 적으려 보니 근사하고 멋진 순간이 주로 떠오른다. 물론 농장 일이라는 게 고달플 때도 있다. 귀농 초기에는 어떻게 이렇게 힘든 시골에 내려올 생각을 했냐는 질문을 많이 받았다. 그때는 힘들지 않다고 답했는데, 요즘은 힘든지 몰랐기 때문이라고 답한다. 농사를 짓다 보면 쉬는 게 더 어려워진다. 하루 일을 다 끝낸 것 같아도 할 일이 계속 있다. 고구마를 캐면 캤다고 끝이 아니라 흙을 털고 손질하고 분류해야 한다. 상자에 담아 꾸러미를 보내거나 판매를 마쳐도 남은 작물은 또 보관할 상자를 찾아 담아야 한다. 양파를 심으려면 양파밭을 만드는 게 먼저다. 겨울이 가면 봄이 오듯이 농사일은 모든 과정이 서로 연결되어 있다. 어디서부터 어디까지 끊어야 할지 도통 알 수가 없다. 그런데도 우리 눈에는 이런 작물들이 '노동력 대비 생산성'의 관점으로는 보이지 않는다. 과한 노동을 들여야 하는 무언가라기보다 내가 보살펴야 하는 것 중 하나, 나와 식구들이 먹을 귀한 음식으로 보인다. 그래서 일하고 돌아서면 또 다른 일이 생각나고 늘 부족하게만 느껴지는 것 같다. 그런데도 친구들은 이 고단한 농장 일을 해보고 싶다고 말한다.

몇 년 전 래인이네 가족이 배를 지키러 꽃비원에 왔다. 래인이는 여덟 살 여자아이로 1년에 서너 번은 꽃비원에 오는 아주 중요한 손님이다. 래인이의 엄마 수윤이는 직장에서 가까운 대전 도시 한복판에 살지만 래인이를 시골 학교에 보내고 싶어 할 만큼 자연에 관심이 많다. 처음 인연을 맺게 된 계기는 꾸러미와 키친이었지만, 요즘은 농장에서 자주 만나는 사이이다. 민들레꽃이 피면 꽃을 보러, 벚꽃이 휘날리면 꽃비를 맞으러, 수확 철이 되면 함께 요리하러 꽃비원을 찾는다.

비단 래인이네만이 아니라 농장 일에 관심을 보이는 친구들이 꽤 있어서 어느 해에는 1년 내내 큰일이 있을 때마다 친구들을 불러 함께 일을 해치웠다. "옥수수 따서 말려야 하는데 같이 할래?" 하고 연락하면 대전에서, 익산에서, 천안에서 바쁜 시간을 쪼개 오는 친구들이 있어서 늘 고마우면서도 날이 너무 덥거나 힘든 일이 기다리고 있으면 연락하기가 망설여졌다. 그래도 여럿이 모이면 확실히 일이 금방 끝나고 다른 일까지 찾아서 더 할 수도 있다. 혼자 하면 일주일 내내 매달려야 하는 일인데, 친구들이 오면 하루 만에 일을 마치고 있는 반찬에 밥을 먹고 커피까지 마시는 여유를 부린다. 그러면서도 마음 한구석에는 늘 미안함이 있다.

"작은 배 하나에 들어가는 시간과 정성을 어찌 돈으로 환산하나. 비와 태풍과 새와 벌레의 험난한 습격을 견뎌내고 매대 위에 예쁘게 얹어진 채소나 과일을 우리는 너무 쉽게 사 먹고 있다는 사실을 래인이가 알았으면 하는, 그런 마음으로 자꾸 오나 봐."

_ 2020년 9월 수윤이가 남긴 기록

꽃비원에 다녀간 수윤이가 그날 밤 소셜 계정에 올린 글을 보고 미안함을 조금 덜어도 괜찮겠다는 생각이 들었다. 그즈음은 배 수확을 앞두고 새가 배를 쪼아 먹지 못하도록 서로 돌아가며 보초를 서는 시기인데, 꼬마 래인이가 우리 대신 농장을 지키며 새를 쫓았다.

수윤이는 농장에서 땀을 흘리고 움직인 뒤 어떤 아름다움과 성스러움을 볼 수 있는지를 적었다. 일 마치고 그늘에 앉아 마시는 아이스커피가 얼마나 꿀맛인지, 밥맛은 또 왜 그렇게 좋은지도 기록했다. 그 마음을 읽으니 이제는 농장 일을 도우러 오는 친구들의 손길을 미안해하지 말아야겠다고 생각했다.

다시 시작한 우리들의 계절 마켓

2022년, 시간이 흐르면서 코로나로 인한 외부 활동 제한이 어느 정도 풀려 자유로워졌다. 미뤄 뒀던 여러 가지 일 중에 우리가 가장 하고 싶은 일은 '꽃비원 계절 마켓'을 여는 것이었다. 꽃비원 계절 마켓은 2019년 여름에 꽃비원 홈앤키친에서 처음 열렸다. 애초 이런 자리를 마련한 계기는 꽃비원을 시작하고 지금까지 도시에서, 지역에서 만난 소중한 인연들을 한자리에 초대해 즐거운 시간을 보내고 싶어서였다. '재미삼아' 기획한 행사였으니 '없으면 없는 대로'

즐기는 게 가장 큰 목적이었다. 그래서 친구들은 각자 테이블과 의자, 돗자리를 챙겨 왔고 SNS 홍보도 '각자 알아서' 했다.

마켓이 열린 당일, SNS에 올린 소식을 보고 찾아온 사람들로 작은 시골 동네가 북적였다. 참가자(판매자)들은 서로의 물건을 구매하며 자연스럽게 교류했고, 나중에는 다 같이 먹고 즐기면서 손님, 판매자 구분 없이 친구가 되었다. 활기찼던 마켓을 마무리하며 단체 사진을 찍었던 기억이 아직도 생생하다. 그리고 그해 가을, 겨울에도 계절 마켓은 이어졌다.

그때 그 뭉클했던 마음의 정체는 뭐였을까? 지금 떠올려 보면 혼자라고 느꼈던 농촌 생활이 서로서로 연결된 관계 속에서 새롭게 나아가고 있다는 생각에 감격했기 때문이 아닌가 싶다. '아무것도 시작하지 않는다면 아무 일도 벌어지지 않는다'는 말처럼 농촌에서 주체적으로 살아가려고 꿈꾸던 것들이 하나하나 이뤄지고 있는 게 신기할 때가 있다. 그 생각을 바탕으로 비슷한 사람들을 만나 친구가 되고 또 새로운 일로 연결된다. 나는 이 관계를 통해 그동안 꽃비원이 키운 농작물을 마르쉐@에 직접 찾아가 판매했던 시간과 노력이 헛되지 않았음을 확신한다. 매 순간이 단순히 농산물을 판매하는 행위에 그치지 않고 도시와 농촌을 잇는 계기가 되었음을 믿는다.

그리고 두 해가 가고 2022년 5월, 꽃비원 초여름 마켓이 드디어 열렸다. 어떤 행사를 기획해 성황리에 마치고 싶다기보다 그동안 만나지 못했던 친구들이 보고 싶었다. 직접 얼굴을 보고 인사를 나누고 싶었다. 언제나처럼 방현일 작가가 꽃비원에 잘 어울리는 홍보 포스터를 그려 줬고, 부르고 싶은 친구들에게 메시지를 남겼다. 이번 모임은 시기적으로 오랜만이라서 그랬는지 동창회를 준비하는 느낌이었다. 지민이도 사회에서 만난 동기들 모임이라며 좋아했다.

사실 사람들은 언제나 만남과 헤어짐 속에서 살아간다. 학교, 직장, 조직 등에서 만난 관계는 목적이 있기 마련이고, 그게 사라지면 모이기가 쉽지 않다. 그런데 마켓에 참여하는 친구들은 대부분 살아가면서 순수하게 마음이 맞아 만난 사람들이다. 그들 대부분은 각자의 자리에서 주체적으로 살아가려고 애쓰고 있다. 지민이가 말한 '동기 모임'이라는 단어에는 그런 의미가 담겨 있다.

오랜만에 열리는 초여름 마켓에도 다양한 사람들이 모였다. 서울에서 공간 사부작을 운영하는 영민 씨는 술과 음식으로 함께했고, 우프로 참여했던 선미 씨는 그동안 열심히 작업한 그림을 들고 멀리 청송에서 왔다. 꽃비원이 작게 키친을 운영할 때 부모님과 함께 밥을 먹으러 왔던 고등학생 민주 씨는 어느새 요리를 공부하는 대학생이 되었다. 그날은 '입하'라는 이름을 내걸고 제철 과일과 채소로 만든 디저트를 판매했다. 김해에서 내추럴 와인 바 수단가를 운영하는 병수·은혜 커플도, 꽃비원 계절 마켓에서만 만날 수 있는 무지개과자점 수윤이도, 향진 씨의 잘:쓰이다 상점, 인도로간빠리 지앵 소영 님과 친구 수소도 자리를 채워 줬다. 방현일 작가는 채소 그림의 마스킹 테이프와 드로잉 작품을, 언제나 힘이 되는 달키친 지민이는 햇감자 샐러드와 나초 칩 앤 딥 소스를 준비했다. 그리고 원호와 주호를 포함한 꽃비원 가족들이 함께했다.

초여름 마켓에 백비서원으로 참여한 선미 씨는 우퍼로 알게 되었다. 농장에 막 왔을 때는 모든 게 불확실한 상황이라서 고민이 많아 보였다. 원래는 정원 일을 하던 친구였는데, 그림 그리는 일이 하고 싶어서 전향을 고민하고 있었다. 그녀가 작업실을 꾸리려는 곳은 청송 할머니 집이었다. 빈집을 수리해 자기만의 공간을 마련하고 싶다기에 같이 청송에 가서 집을 둘러보고 영덕에 사는 풀농부 호종을 소개했다. 직접 집을 지은 경험이 있는 호종이 이후에 집 고치는 과정을 도왔고, 그렇게 백비서원이 탄생했다. 백비서원에서 본격적으로 그림 작업을 시작한 선미 씨는 얼마 전 파주에서 전시를 열게 되었다는 소식을 전했다. 꽃비원에 왔을 때 받은 브로콜리 사진을 계속 그렸던 게 계기가 되었다며 고마워했지만, 나는 좋은 관계가 만들어 낸 연결의 힘이라고 생각한다.

처음 마르쉐@에 참여했던 날이 떠오른다. 꽃비원에 관심을 주던 사람들의 긍정적인 에너지, 그때 맺은 관계의 힘이 계속 누군가에게로 전해지고 있다는 느낌이 들 때가 있다. 이 연결의 힘을 나도 경험했다. 노지에서 자라 다소 거칠었던 꽃비원의 채소를 진지하고 긍정적으로 얘기해 준 요리사 앨리스 님(前 제리코 바 앤 키친 대표, 現 와인 숍 비노 에 올리바 대표)이 있다. 부탁한 적이 없는데도 꽃비원 꾸러미의 제철 채소로 계절 메뉴를 구성해 메뉴판과 게시판에 상세히 소개해 준 고마운 분이다. 덕분에 꽃비원은 그 가게를 찾은 손님들과 다른 요리사들에게 더 많이 알려질 수 있었다. 그때 그 힘으로 우리는 여전히 노지에서 계절 농사를 짓고 있다.

좋은 에너지는 나를 통해 반드시 다른 사람에게 전해진다. 그렇게 연결되는 관계의 지속성은 도시에서도 농촌에서도 가장 필요한 부분이다. 가능하면 경쟁하지 않고 서로를 응원하며 다양성을 존중하는 태도였으면 한다. 누군가는 이 작은 모임을 통해 시절에 꼭 필요한 인연을 만나 좋은 에너지를 얻을 것이다. 소소하고 정해진 규칙도 없지만, 우리가 꾸려가는 계절 마켓이 기대되는 이유다.

두 해가 지나고 2022년 5월, 꽃비원 초여름 마켓이 다시 열렸다. 어떤 행사를 기획해 성황리에 마치고 싶다기보다 그동안 만나지 못했던 친구들이 보고 싶었다.

자연이 고픈 친구들이 삼삼오오 도시락을 준비해 농장으로 모이면 우리만의 근사한 포틀럭 파티가 열린다. 묵묵하고 소소하게 생활하며 얻는 기쁨이다.

에필로그

**꽃비원의
10년 뒤를 생각하며**

　2018년은 날씨 때문에 무척 고생했던 해이다. 동남아 날씨처럼 비가 무섭도록 퍼부었다가 언제 그랬냐는 듯이 해가 났다가, 이제 좀 그쳤나보다 안심하면 또 퍼붓기를 반복했다. 이렇게 내리는 비는 농사에 전혀 도움이 되지 않는다. 비가 많이 왔지만 폭염이 계속돼 땅은 가물었고 태풍도 유난히 잦았다. 특히나 배 수확 시기에 태풍이 오면 나무를 안고 있을 수도 없고, 배를 어디 붙여 놓을 수도 없으니 애가 탔다. 덤덤하게 상황을 받아들이려 해도 심적으로 참 힘들었던 기억이 난다.

　'나만 힘든가? 우리만 이런가?'

그렇게 고민하다가 결성된 모임이 있다. 서로 고민을 터놓고 이야기를 나눌 친구가 필요하다고 느꼈을 때 평소 마르쉐@나 소셜 계정, 지인을 통해 알고 지내던 사람들에게 연락을 넣었다. 자연재배 방식으로 농사를 짓는 종합재미농장, 부모님의 농사를 도우며 도자기를 만드는 소요하기, 가족농 풀풀농장, 라온농장, 다채롬, 장현희 님 등등. 이들은 대부분 귀농·귀촌한 지 얼마 되지 않았거나 우리처럼 기반 없이 농사를 시작한 소농이다. 마침 우리가 모인 시점은 동지 무렵이었다. 뜻이 같은 사람들끼리 '동지'로 만났다고 해서 일명 '동지 모임'이라 이름을 붙였다.

> 예부터 동짓날이 되면 백성들은 모든 빚을 청산하고 새로운 기분으로 하루를 즐겼다. 또 일가친척이나 이웃 간에는 서로 화합하고 어려운 일은 서로 마음을 열고 풀어 해결하였다.
>
> _ 〈한국세시풍속사전〉 중에서

24절기 중 22절기에 해당하는 동지는 1년 중에서 밤이 가장 길고 낮이 가장 짧은 날이다. 모임 초반에는 서로 모이면 이듬해 농사 계획이나 관련 정보를 나누고, 서로 힘든 상황을 공유하고 응원하는 게 중심이었다. 그런데 코로나가 지나면서 종합재미농장과 유기농펑크, 꽃비원만이 정기적으로 모이게 되었다. 그리고 모일 때마다 각자 더 좋은 방향으로 나아가고 있음을 느낀다. 힘들고 고된 농사 이야기, 정착하면서 겪은 억울한 일 등 하소연이 중심이던 이야기는 농업의 가치를 발견하는 쪽으로 바뀌었다. 아직 빚을 청산하지는 못했지만 우리는 이 모임을 통해 고민은 덜고 가끔은 서로에게 기대며 새로운 해를 맞이한다. 동지를 기점으로 모이는 1박 2일의 만남은 '소농'이라는 작은 길이 그래도 의미 있는 행보라는 사실을 늘 확인시켜 준다.

양평에 위치한 종합재미농장은 300평 규모의 농지에서 자연농을 짓고 있다. 다품종 소량 생산 방식으로 토종 작물을 키우며 수확물로 꾸러미를 운영한다. 최근에는 '씨앗 만나는 날' 프로젝트를 진행했다. 토종 농사 엿보기, 토종 씨앗 고르기, 토종 작물 맛보기 프로그램을 운영하면서 참가자들에게 농업의 가치를 알리고 있다. 씨앗을 채종하고 맛보면서 사람들은 농사의 순환 과정을 배운다.

인천 유기농펑크는 동네 주민자치회와 함께 버려진 공간에 정원을 만들었다. 단순한 정원이 아니라 도시에서 발생하는 음식물 쓰레기를 가정 퇴비화 방식으로 분해하는 '분해정원'이다. 도시의 각 가정에서 발생한 음식물 쓰레기는 퇴비가 되어 토양으로 돌아가고 그 힘으로 또다시 작물을 키워 낸다. 이것 역시 순환이다. 도시에서도 원한다면 누구나 소농으로 살아갈 수 있는, 가장 현실적인 방법이 아닐까? 도심 속 더 많은 자투리땅이 분해정원으로 재탄생되기를 기대한다.

이렇게 우리는 도시에서, 농촌에서 각자의 방식으로 소농의 삶을 살아가고 있다. 지속적으로 교류하며 서로를 응원한다. 멀리 있어서 자주 볼 수 있는 사이는 아니지만 우리는 이 모임을 작은 공동체라고 생각한다. 다양한 형태의 소농이 모인 만큼 다음 세대에도 농업의 가치를 지켜나갈 수 있지 않을까 생각한다. 그리고 우리와 같은 꿈을 꾸는 농부들이 더 늘어나길 기대한다. 그래야 농업을 바라보는 도시의 시선이 다양해지고 단절된 도시와 농촌을 이을 기회를 마련할 수 있을 테니 말이다.

나무를 심는 사람처럼 묵묵하고 꿋꿋하게

종종 시설재배 농가 중 생산량은 안정되었지만, 소득만으로는 농가 유지가 어려워 체험으로 눈을 돌리는 경우를 본다. 시설재배는 몇 년에 한 번씩 비닐을 교체하거나 보수를 하는데도 비용이 계속 든다. 단기 수입은 노지 재배보다 조금 나을 수 있지만 계속 투입되는 비용이 어느 정도인지는 확인할 필요가 있다.

체험 농장을 준비할 때도 아쉬움은 있다. 보통은 농작물을 시설에서 키우고 체험은 생산물을 활용하는 방향으로 계획한다. 또한 주차장, 화장실, 체험 공간, 아이들 놀이터 등을 꾸미는 데 초점을 더 맞추는데, 그보다 농가에 나무를 심고 자연 속에서 농작물을 관찰하거나 수확할 수 있도록 꾸몄다면 어땠을까? 모든 일이 시간과 정성이 많이 들어가면 그만큼 완성도가 높아진다. 특히 농업처럼 단기 수익을 내기 어려운 구조에서는 시간을 들여 천천히 농장을 가꿔 가는 게 이율을 내기 가장 좋은 방법이라는 생각이 든다. 과정, 과정 속에서 소비자들과 직접 소통하다 보면 농부가 아닌 사람들도 언젠가 농업의 가치를 알아주지 않을까?

꽃비원을 시작한 지 어느새 10년이 되었다. 처음 시작할 때는 10년이면 뭔가 크게 이루었을 것이라 상상했는데, 지나고 보니 우리는 겨우 열 번의 농사를 지었을 뿐이다. 이룬 것보다 실패와 좌절이 더 많았고, 얻은 것이라면 무수한 깨달음 정도다. 농사는 지식이 아니라 경험이 쌓여야 할 수 있는 일이었다.

소농의 삶을 꿈꾸는 꽃비원의 10년 뒤는 어떤 모습일까? 10년 전 꽃비원은 풀밖에 없는 휑한 땅이었지만 지금은 배, 사과, 포도, 매실, 밤, 보리수, 오가피, 편백, 산수유, 목련, 메타세쿼이아, 느티나무 등 다양한 나무가 자라고 있다. 매년 조금씩 더 나무를 심고 있으니 10년 뒤에는 이 나무들이 제법 자리를 잡아 더 넓은 그늘을 만들어 줄 것이다. 구석구석에 심은 월동 작물들은 철마다 우리 삶에 필요한 양식이 되어 줄 것이다. 그렇게 크고 작은 나무와 작물이 어우러져 언젠가는 숲이 되기를. 그때 우리 부부는 오십 대일 것이다. 그때도 우리가 무사히 이곳에서 농사짓고 있었으면 좋겠다.

농장에 작은 집을 짓고 살고 싶다는 꿈이 있다. 작게 가꾼 숲에서 자연의 흐름을 더 밀접하게 느끼며 살고 싶다. 손님이 방문하면 머무를 공간도 작은 집 옆에 몇 채 더 지어 두고, 아침이면 친구들과 채소 바구니를 들고 농장을 한 바퀴 돌아 주방으로 간다. 함께 수확한 채소로 요리해 맛있게 먹고 밤이면 시간 가는 줄 모르게 이야기를 나누며 웃는다. 채소가 많이 나는 계절에는 반짝 시장을 열어 근처에 있는 사람들이 농장으로 장을 보러 오는 모습을 상상한다. 오픈 팜을 몇 번 열어보니 멀고 번거로워도 농장까지 오는 분들이 분명 있었다. 이런 일상이 그때는 더 보편적이었으면 좋겠다. 아침마다 무해하게 키운 채소나 과일을 가까운 레스토랑에 배달하는 상상도 해본다. 지역으로 내려와 가게를 연 솜씨 좋은 요리사와 반갑게 안부를 나누는 것, 이것이 어느 지역에서든 흔히 볼 수 있는 풍경이라면 좋겠다.

한편으로는 그때의 우리 삶이 지금과 크게 다르지 않을지도 모른다는 생각이 든다. 봄이면 다양한 봄나물을 채집해 봄볕에 말리고, 여름에는 수분을 머금은 색색의 채소를 잔뜩 수확한다. 가을이면 과일 열매를 따고 겨울 채비도 한다. 자연과 가까운 일상, 삶과

일과 만남이 항상 이어지는 꽃비원에서의 생활은 본질적으로 크게 다르지 않을 테니 말이다.

농부 한 사람, 한 사람이 급변하는 기후를 막을 수는 없을 것이다. 하지만 내가 일구는 땅에 씨를 뿌리고 나무를 심고 가꾸는 일은 묵묵히 할 수 있을 것 같다. 그렇게 다음 세대에게 도움이 되는 사람으로 나이 들고 싶다. 여전히 농사에 대해서는 모르는 것투성이고, 더 시도해 보고 싶은 것들이 너무나 많다. 그래도 농사를 스무 번쯤 지은 10년 뒤라면 어느 정도 우리만의 노하우가 쌓여 있을 것이라 믿는다.

> 그는 흔들리지 않고 전과 다름없이 계속 나무를 심었던 것이다. 평화롭고 규칙적인 일, 고산 지대의 살아있는 공기, 소박한 음식, 그리고 무엇보다도 마음의 평화가 이 노인에게 놀라우리만큼 훌륭한 건강을 가져다주었다.
>
> _《나무를 심은 사람》 장 지오노 지음, 김경온 옮김

《나무를 심은 사람》이라는 소설책에는 고산 지대에 들어와 몇 년째 나무를 심고 있는 늙은 양치기의 삶이 담겨 있다. 작가인 장 지오노는 실제 경험을 바탕으로 이 소설을 썼다고 한다. 늙은 양치기

가 나무를 심기 시작한 이유는 그 땅이 너무 황폐했기 때문이었다. 이 사람은 30년 가까이 묵묵히 나무를 심어 메마른 땅을 거대한 숲으로 일궈 냈다. 아직은 끝을 알 수 없는 여정이지만, 꽃비원도 책에 등장하는 양치기 노인처럼 꿋꿋하게 한자리를 지키는 농부로 남고 싶다.

꽃비원이 걸어온 길

2012년   1월 귀농 준비 시작
         6월 원호의 탄생
         10월 논산 연무읍의 땅 매입

2013년   2월 농장 기초 작업 마무리
         '꽃비원' 상표 등록
         3~4월 원호나무와 과수 묘목 심기
         주말농장 분양
         6월 첫 감자 수확
         10월 마르쉐@에 첫 출점

2014년   3월 농장에 '꽃비원의 작은 상점' 컨테이너 설치
         6월 제1회 요리사의 커뮤니티 LISS 여행
         9월 처음 수확한 사과와 배를 가지고 마르쉐@에 출점

2015년   2월 꽃비원 꾸러미 스무 가구 모집 및 운영
         6월 원호의 네 살 생일 파티 겸 '흙이 키운 아이' 사진전 개최

2016년   2월 연무읍 로터리에 '꽃비원 키친' 오픈
         8월~10월 달키친 강지민 요리사의 제철 채소 워크숍
         11월 차차, 성준의 '흙에서 식탁으로' 소셜 다이닝

2017년   2월 꽃비원의 생활 워크숍(with 도윤공방, 꽃나무의 관리와 장식)
         3월 논산 인동어린이집 원호 친구들의 농장 활동 체험
         9월 2층짜리 빨간 벽돌집 계약
         9월 꽃비원×슬로푸드문화원 식생태 농촌 여행

2018년   1월 꽃비원 키친 종료
         2~5월 빨간 벽돌집과 두부 공장 리모델링 공사
         6월 '꽃비원 홈앤키친'으로 시즌 2 시작
         12월 황지수 요리사의 겨울 채소 요리 워크숍

2019년   4월 욜란타와 첫 만남
         요나의 '재료의 산책' 팝업
         5월 꽃비원 생활 워크숍(with 올데이스위밍, 밀랍 초 만들기)
         6월 첫 번째로 연 꽃비원 계절 마켓
         황지수 요리사의 여름 채소 소금 절임 워크숍
         8월 꽃비원 요리 모임(재료: 바질, 가지, 당근)
         12월 로컬 공간을 찾아 떠난 여행

2020년 2월 우프 호스트 농가 등록
       3월 풀풀농장, 꽃비원, 종합재미농장의 연합 꾸러미 기획
       5월 꽃비원 초여름 소풍
       10월 꽃비원 홈앤키친, 농림축산식품부가 선정하는 안심식당으로 지정

2021년 5월 오미사 요리사의 미소된장 만들기 워크숍
       6월 꽃비원 브랜딩 작업 (with 스튜디오 허밍)
       꽃비원 × 그레잇테이블 '놀고 먹고 보는 놀이터' 프로젝트
       꽃비원 오픈 팜 진행
       11~12월 생활 밀착형 농가 체험 '꽃비원 스테이' 기획

2022년 5월 3년 만에 다시 연 꽃비원 초여름 마켓
       3~10월 연산미각학교 테이스트로컬@연산 공동 기획
       12월 제주 그린블리스 팝업 식당 운영

느슨한 연대, 꽃비원 친구들의 응원

그들이 온 힘으로 일군 농원은 꽃이 흩날리는 봄이면 믿을 수 없을 만큼 아름답다. 키 큰 나무들, 융단처럼 보송보송한 풀, 건강한 흙이 어우러진 밭은 점점 그들의 마음 씀씀이와 닮아가고 있다. 앞으로도 차츰 펼쳐질 꽃비원의 꿈길에 설레는 마음으로, 기꺼이 동행하려 한다.

꽃비원이 자연의 섭리와 생태 리듬에 맞춰 농사를 짓고 식사를 준비하듯, 우리는 이제 책을 펼쳐 수많은 인연에 마음을 다하는 그들의 삶을 면면히 따라갈 수 있게 되었다. 그 삶은 화려하지 않아도 다채롭게, 풍성하지 않아도 넉넉하게 지낼 줄 아는 태도에서 시작된다. 농부, 요리사, 환경운동가가 아니어도 책을 읽는 독자들이 이들의 따뜻함과 잔잔함을 느낄 수 있기를 바란다.

요리사 **강지민** 달키친

'꽃비원 꾸러미가 도착한다'는 문자가 오면 늘 설레었다. 상자를 열면 정성스럽게 키운 갖은 작물을 타고 온 계절의 향기가 풍겼다. 그 내음으로 내 하루는 풍요로워졌다. 지난 10년 동안의 꽃비원 이야기를 읽으며 새삼 깨달았다. 내 손에 잡힌 그날의 행복 뒤에 꽃비원의 땀과 그간의 고민, 진심이 숨어 있던 것을. 꽃비원 꾸러미 식구로 함께한 지난 10년을 돌이켜 본다. 그 세월은 마음의 풍요를 계절별로 누릴 수 있는 호사를 선물로 받았던 시간이다. 앞으로도 꽃비원 세 가족이 지금보다 더 행복하고 풍요로워지기를 기원하고 응원한다.

공간 운영자 **권은경** 스페이스 도야

오래전 직장 동료로 만났던 섬세하고 예쁜 작업자 남도와 단단한 농부 광하 그리고 그들의 원호, 아름다운 가족의 귀농 일지를 단숨에 읽었다. '아이가 어린 시절을 일가친척 다 모인 한국에서 많은 사랑을 받으며 보내기를, 그리고 시골의 정서와 자연이 주는 풍요를 몸소 느끼며 자라기를 최우선으로' 바라고 '온 가족이 시간과 공간을 나누는 삶'을 지향했던 그들의 첫 뜻이 동화같이 뭉클했다. 생각과 말과 행동으로 균형을 이루어 가는 농부의 이야기는 많이 배우는 기회가 되기도 했다. 굳건히 일궈 온 꽃비원, 앞으로의 10년도, 그 이후 10년도 꿈꾸는 대로 다 이루어지길 응원한다. 나 또한 아름다운 그곳에서 쉬고 힘을 받고 올 날을 언제나처럼 기대한다.

농부 김현숙 봉금의뜰

마르쉐@에서 두 분께 쭈뼛거리며 처음 말을 건넸던 그날을 기억한다. 시골 생활을 고민하고 있던 우리에게 두 분이 내준 시간과 공간, 그 마음이 우리가 첫걸음을 떼는 데 얼마나 큰 힘이 되었는지. 그 따뜻함이 이 책에 가득하다. 책을 읽다 보면 두 농부가 어떤 생각과 경험으로 지금의 꽃비원을 만들게 되었는지 조곤조곤 이야기해 주는 느낌이 든다. 이 책은 시골살이를 고민하는 사람들에게 많은 도움이 될 것이다. 작은 농사를 짓는 소농 선배로, 친구로, 동지로도 언제나 든든한 존재. 꽃비원의 단단한 원칙이 앞으로 또 어떤 모습으로 피어날지 무척이나 기대된다.

농부 안정화 종합재미농장

요리하는 일을 그만둘 때 마지막 접시는 무조건 '꽃비원 파스타'여야 했다. 나에게도 특별했지만 3년 동안 운영한 '제리코 바 앤 키친'을 찾던 손님들이 가장 좋아했던 메뉴였으니 말이다. 손님들이 있을 때 꾸러미가 도착하면 식사 중인 테이블 한쪽에 채소를 하나나 꺼내 놓으며 꽃비원 이야기를 쏟아내곤 했다. 방금 도착한 채소를 씻어서 조리 없이 접시에 올리면 손님들과 한 입씩 나눠 먹는 즐거움이 있었다. 꺼낸 채소에서 떨어진 작은 달팽이가 테이블을 기어 다니면 신기한 듯 바라보기도 했다. 모두 그 특별한 경험을 좋아했다. 꽃비원을 알게 되고 사람들에게 그곳의 맛을 소개하고 싶어서 두근두근 설렜던 그 시절이 떠오른다. 꽃비가 내리는 그곳의 에너지는 지금도 분명 누군가의 식탁으로 전해지고 있으리라 믿어 의심치 않는다.

공간 운영자 윤앨리스 비노에올리바

"혹시 농장 방문해도 될까요?" 이 한마디로 시작된 꽃비원과의 인연이 이제는 내 요리 인생에 없어서는 안 될 중요한 부분이 되었다. 꽃비원은 '지속 가능한 주방'과 내가 전하고 싶은 메시지 '흙에서 식탁으로'가 펼쳐지는 유일한 공간이다. 마치 스톤 반스 농장 안에 댄 바버(Dan Barber) 셰프의 레스토랑 '블루힐 앳 스톤 반스(Blue Hill At Stone Bans, 미슐랭 2스타 레스토랑)'가 있는 것처럼. 이 책은 단순히 어느 농장과 그 가족의 이야기를 전하는 것이 아니다. 환경과 먹을거리, 농촌의 문제를 생각하고 활동하는 사람들의 따뜻한 연대를 담고 있다. 그래서 나는 이 땅의 수많은 요리사에게 이 책을 권한다. 식재료가 주방에 들어오기까지 어떤 과정을 거치는지 눈으로, 마음으로 확인하길 바란다.

요리사 차현재 을지로 차이

광하의 계획은 언제나 나를 들뜨게 한다. 그리고 그 계획을 현실로 만들어 가는 모습은 마치 수많은 물음표를 느낌표로 바꾸는 것만 같다. 벌레나 햇빛과 싸우느라 온갖 상처를 얻은 사과를 들고 이 껍질이 가지는 에너지가 얼마나 대단한지를 이야기해 주던 그날부터 지금까지 부부는 그 신념 속에 살고 있다. 변하지 말아야 할 것들을 지키기 위해 반복되는 시행착오와 도전을 두려워하지 않고 쉼 없이 나아가고 있다. 이 책이 그들의 시간에 담긴 소중한 경험과 추억을 더 많은 이들과 나누는 데 큰 보탬이 되기를 바란다.

도예가 **이현아** 도윤공방

농림축산식품부는 얼마 전 핵심 국정 과제인 '농업 혁신, 미래성장산업화'를 선도할 청년농 3만 명(2023~2027)을 육성한다고 발표했다. 산업화가 곧 혁신으로 대변되는 오늘날 '꽃비원'처럼 농사를 삶의 일부로 받아들인 다품종 소량 생산 농가는 흔치 않다. 심지어 혁신과 꽤 멀어 보이기도 한다. 그런데 '누구를 위한 혁신인가?'를 따져 볼 필요가 있다. 우리나라 전반의 위태로운 농업 풍경을 바꿀 수 있으려면 꽃비원처럼 주체적으로 삶을 일구는 농가가 지역 곳곳에 생기는 것이야말로 진정한 혁신이다. 가족 구성원 모두가 질적인 시간을 보내야 유지될 수 있다고 믿고, 그 가치를 지키려고 끊임없이 노력하는 삶의 태도는 인생의 전환점에 선 모든 이들에게 본보기가 된다. 먹을거리 생태 전환 교육에 주목하는 지금, 그 지속 가능함의 시작이어야 할 소농, 꽃비원의 이야기에 귀 기울여 보자.

브랜드 디렉터 **천재박** 곡물집

시골살이, 오늘도 균형

초판 1쇄 발행 2023년 2월 15일
초판 2쇄 발행 2023년 3월 20일

지은이 정광하, 오남도
책임편집 박햇님
디자인 형태와내용사이
펴낸곳 차츰
등록 2021년 6월 24일 제457-2021-2호
주소 충청남도 부여군 부여읍 사비로32 여성문화회관 105호
전화 041-834-1037 **팩스** 041-836-1037
전자우편 chachum_books@naver.com

© 정광하, 오남도 2023
ISBN 979-11-981181-1-0 (03300)

* 이 책 내용의 전부 또는 일부를 재사용하려면
  반드시 저작권자와 차츰 양측의 동의를 받아야 합니다.
* 잘못된 책은 구입하신 곳에서 바꾸어 드립니다.
* 책값은 뒤표지에 있습니다.